변호사
실격

변호사
실격

Criminal
Law Case Note

류동훈 지음

변호사 실격

법이란 무엇인지, 정의란 무엇인지 알지 못했다. 막연히 법조인이 되어야겠다는 생각이 든 것은 몇 차례 미룬 입영 통지서를 받고서였다. 그때 나는 이미 대학 졸업반이었다. 학점은 형편없었다. 처음부터 대학교에는 뜻이 없었다. 그저 대한민국에서 살아가려면 남들 다 가지고 있는 대학교 졸업 장 하나쯤은 있어야 하지 않겠냐는 부모님의 뜻이었다. 하 지만 나는 그런 '남들'과 같은 삶을 살고 싶지 않았다. 다른 삶을 살고 싶었다. 나는 뮤지션을 꿈꿨다. 언젠가 반드시 유 명한 록스타가 될 거라 조금도 믿어 의심치 않았다.

정성껏 밴드 멤버들을 모았고, 기획사에 돌릴 데모곡을 작업했다. 하지만 댄스 음악 일변도의 음악 시장에서 우리가 설 자리는 없었다. 어느 기획사도 우리의 음악에 관심을 보이지 않았다. 급기야는 알음알음 알게 된 작은 기획사의 작업실 공사까지 했다. 그 기획사가 우리의 음악을 내줄 것이라 믿었다. 며칠간 벽돌을 쌓고 시멘트를 발랐다. 집으로 돌아올 때면 온몸이 흙먼지로 뒤덮여 있었다. 부모님은 그런 내 모습을 태연히 모른 척했다. 그저 다음 날 아침 다시 공사를 하러 가는 내 뒷모습에 잘 다녀오라며 미소를 지어 보일 뿐이었다. 하지만 나는 알고 있었다. 그 미소에는 어쩐지 감출 수 없는 쓸쓸함이 배어 있었다. 아직도 그 미소가 잊히지 않는다. 나는 그들에게 과연 어떤 아들일까. 나는 결국 5년 동안 무엇도 이루지 못했다. 록스타는커녕 록가수도 되지 못했다. 공사장으로 향하는 버스의 뒷자리 구석에서 쏟아져 나오는 눈물을 훔쳤다. 그것은 자신에 대한 실망을 넘어선 혐오 때문이었다. 겨우 이 정도밖에 되지 못하는 인간인가. 나는 부모님의 가슴을 아프게 하는 자식일 뿐인가.

더 이상 미룰 수 없는 입영통지서를 받고 밴드를 해산해야 했다. 수년간 공들였던 간절한 꿈을 스스로 무너뜨리고 잊어야 했다. 그때쯤 고등학교 동창들은 슬슬 취직을 시작했다. 나보다 공부를 잘하지 못했던 친구들도 흔히 말하는 대기업에 척척 붙었다. 평생의 꿈을 접었다는 거대한 슬픔은 앞으로 무얼 하고 살아야 하는지에 관한 절박함에 잠식되었다. 내겐 발표도 되지 못하고 묻힐 열한 곡이 담긴 데모 CD 한 장과 대학교 졸업장 한 장만이 남아 있었다. 그러나 사회는—데모 CD는 물론이고—대학교 졸업장 하나만으로 살 수 없었다. 사회는 늘 '보통'보다 많은 것을 요구했다. 당연히 나는 무엇도 준비되어 있지 않았다. 음악 따위 한답시고 정말 그 흔한 영어 점수 하나도 만들어놓지 않았다.

그런데 왜 갑자기 그 시험을 떠올렸을까. 법학과도 아니었던 내가. 주무시는 부모님 방으로 들어가 사법시험을 보겠노라고 얘기했다. 그 정도로 나는 절박했다. 나를 증명해 보여야 한다는 강박에 휩싸여 있었다. 그것은 지난 5년을 보상하고도 남는 것이어야 했다. 모범생이던 아들에 대한 부모님의 기대는 물론 스스로의 기대에도 부응하는 것이어야 했다. 최고라고 생각되는 것이 아니면 안 되었다. 그것이 법조인이었다. 부모님은 내가 고생할 거라면서 안쓰러워했다. 그래 그것으로 되었다. 허락이었다. 정작 나는 아무렇지 않았다. 나는 이미 죽을 고생을 할 각오가 되어 있었다. 그때부터였다. 나는 막연히 법조인이라는 꿈을 품었다.

전역하는 날 집에 도착하자마자 간단한 생필품과 옷 몇

벌을 싸고 어머니의 차에 올랐다. 아직도 어머니 차의 조수석에 앉아서 바라본, 신림동 고시촌으로 향하던 그 도로의 풍경을 잊을 수 없다. 거리의 나무들은 휑하니 앙상했다. 추웠지만 유난히 맑았다. 어머니의 옆모습을 보면서 나도 모르게 조금씩 약해지는 마음을 다잡았다. 돌아가기엔 이미 먼 길을 지나왔다. 아니 지금 이 순간을 얼마나 기다렸던가. 2년의 군 생활은 마치 영겁처럼 느껴졌다. 공부가 너무나 하고 싶었다. 다시 공부할 수 있는 기회가 주어진 것만으로도 나는 감사했다.

내가 머물 원룸 건물 맞은편엔 편의점이 있었고 거기엔 공중전화가 하나 있었다. 휴대전화가 없던 내게, 마치 섬과 같던 고시촌과 바깥세상을 연결해줄 유일한 존재였다. 어머니는 그 앞에 나를 내려주곤 표정 없이 말했다.

"잘 먹어야 한다."

그러고는 바로 돌아서서 다시 차에 올랐다. 어머니는 내 얼굴을 보지 않으려 했다. "응, 걱정하지 마." 내 말을 들었는지 듣지 못했는지 이미 차를 출발시키고 있었다. 작별 인사라 할 것도 없었다. 차의 뒷모습이 보이지 않게 될 때쯤 나는 서점을 찾아 전력으로 달리기 시작했다. 어머니가 보이지 않으려 했던 표정이 자꾸만 떠오르는 듯했다. 어떤 표정인지 알 것만 같았다.

프로 같은 고시생들 사이로 익숙한 척 서점으로 들어갔다. 하지만 무슨 책을 사야 할지 알 리가 없었다. 사법시험은 민법 공부부터 시작한다나. 민법이 시험의 반을 차지한다나. 주인에게 묻고 또 물어서 생전 처음으로 천 페이지가 넘는 책을 샀다. 민법 기본서였다. 한 손으로 들기에도 버거웠다. 하지만 이제 모든 것은 내게 달렸다. 그 '섬'에서 나는 누구도 알지 못했고 누구도 나를 알지 못했다.

원룸은 문을 열고 들어서면 몸 하나 누일 수 있는 크기의 방이었다. 작은 창문은 맞은편 건물에 막혀 한낮에도 어두웠다. 어느 때부터 천장의 벌어진 틈으로 물이 흐르고 있었다. 의자를 밟고 올라가 겨우 두 손으로 막기도 했다. 나는 그렇게 매일의 공부량을 아슬아슬하게 따라가고 있었다. 조금이라도 자세가 흐트러지면, 한시라도 긴장을 놓는다면, 머리 위로 폭포수가 쏟아져 내릴까 두려웠다. 독서실에서 졸릴 때면 조용히 나가서 사정없이 스스로 뺨을 쳤다. '너는 졸 시간이 없다고, 너는 졸 자격이 없다고.' 나는 나를 몰아붙였다. 자비란 사치였다. 내가 아는 법이란, 내가 아는 정의란, 그저 내가 시험에 합격하는 것뿐이었다.

"그 사람은 무죄판결이 아니에요."

싸구려 마이크의 쇳소리가 고막을 때렸다. 퍼뜩 몽롱했던 정신이 돌아왔다. 나는 감기약과 함께 건네진 이름 모를 에너지 드링크를 급하게 들이켰다. 허름한 강의실 안 열 명 남짓한 수강생들 앞에서 학원 강사는 분노를 억누르고 있었다.

"그 사람 자꾸 자기가 무죄판결 받았다고 하던데, 그 사람은 무죄판결을 받은 게 아니란 말이죠."

형사소송법, 그중에서 '고소' 파트 시간이었다. 고소(告訴)란 범죄의 피해자가 수사기관에 범죄사실을 신고하여 범인을 처벌해달라고 하는 의사표시를 말한다. '그 사람'의 사건은 이러했다.

새벽 5시 45분, 112 신고 전화가 울렸다. 여자는 울먹이고 있었다. 성폭행을 당했다고 했다. 그 과정에서 얼굴을 맞았고 전치 2주의 상해 진단을 받았다. 피의자로 지목된 자는 유명 사업가 '그 사람'이었다. 그는 며칠간 잠적하더니 돌연 변호사와 함께 경찰서에 출두했다. 이미 그녀와 합의를 마친 후였다. 합의금으로 2억 원이 건네졌다는 소문이 돌았다.

당시 '강간죄'는 '친고죄'였다. 고소가 있어야 공소를 제기할 수 있는 범죄를 말한다. 다시 말해 고소가 없거나 고소가 취소되었다면—즉 서로 합의했다면—검찰은 공소를 제기할 수 없다. 그러나 검찰은 그에 대해 '강간치상죄'로 공소를 제기했다. 강간치상죄는 강간죄나 그 미수를 저지른 자가 사람을 치상(致傷), 즉 상해에 이르게 함으로써 성립하는, 강간죄에 대한 '결과적 가중범'이다. 더 이상 친고죄가 아닌 것. 그가 제출한 합의서는 처음부터 쓸모가 없었다. 결국 그는 강간치상죄의 유죄판결을 받았다. 2억 원이나 주고 합의하게 한 변호사의 능력에 모두가 의문을 표했다.

그러나 그는 불복하여 항소했다. 거기서 반전이 일어났다. 그녀 얼굴의 상처는 그에게 맞아서 생긴 것이 아니었다. 그녀가 의사의 진단서를 끊기 위해 친구에게 자신의 얼굴을 때려달라고 부탁했다는 사실이 드러났다. '치상'에 대해서는 무죄가 되었고, 검찰은 '강간죄'로 공소장을 변경해야 했다. 항소심(제2심)에서야 친고죄가 된 것이다. 그런데 친고죄의 고소취소는 제1심 판결선고 전까지만 가능하다.

형사소송법 제232조
① 고소는 제1심 판결선고 전까지 취소할 수 있다.

이런 판례가 있다.

"친고죄의 고소를 취소할 수 있는 시기를 언제까지로 한정하는가는 형사소송절차 운영에 관한 입법 정책상 문제이므로, 형사소송법의 그 규정은 국가형벌권의 행사가 피해자의 의사에 의하여 좌우되는 현상을 장기간 방치하지 않으려는 목적에서 고소취소의 시한을 획일적으로 제1심 판결선고 전까지로 한정한 것이다. 따라서 항소심에서 친고죄가 아닌 범죄를 친고죄로 인정하였더라도 항소심을 제1심이라 할 수는 없는 것이므로, 항소심에 이르러 비로소 고소인이 고소를 취소하였더라도 이는 친고죄에 대한 고소취소로서의 효력이 없다."

강사가 눈을 동그랗게 치켜뜨며 강조했다.

"그런데 고소취소장 이미 제출했잖아요."

몇몇 수강생들이 경외감 어린 눈빛으로 고개를 끄덕이고 있었다.

"그 여자한테 2억 원 쥐여주고 1심 전에 미리 합의서 제출하게 했잖아요."

강사가 감탄하듯 고개를 저었다.

"베테랑 변호사예요. 베테랑 변호사."

재판은 '내용'에 의해 두 가지로 분류할 수 있다. 사건의 실체를 심리하지 않고 껍데기 즉 절차적·형식적 법률관계를 판단하는 재판을 '형식재판'이라고 한다. 반면 알맹이, 즉 유죄·무죄판결 같은 사건의 실체적 법률관계를 판단하는 재판을 '실체재판'이라고 한다. 형사소송법은 고소가 있어야 죄를 논할 사건(즉 친고죄)에 대하여, 고소가 없거나 고소의 취소가 있는 경우에는 '공소기각'의 판결을 선고하도록 정하고 있다. 공소기각은 절차적 하자를 이유로 검찰의 공소가 적법하지 않다고 인정하여 사건의 실체에 대해 심리하지 아니한 채 소송을 종결하는 형식재판인 것이다.

결국 대법원은 그가 그녀를 강간했는지 강간하지 않았는지 실체를 따지지 않았다. 그저 그에게 친고죄에서 고소가 취소되었으니—무죄가 아닌—공소기각의 판결을 선고했고 그 형식판결이 확정되었을 뿐이다.

강사는 무죄판결을 받았다고 강변하는 그의 몰염치와 그 말을 곧이곧대로 믿는 언론이나 대중의 무지를 비난함과 동시에 변호사의 '기술력'에 감탄하고 있었다. 역시 법조인은 보통 똑똑해서는 될 수 없는 건가. 과연 내가 그의 변호사였어도 그렇게 할 수 있었을까. 그렇게 할 수 없었을 거란 확신에 자괴감이 들었다. 그리고 동시에 의문이 들었다. 피고인에겐 무죄보다 공소기각이 더 선호되는가. 형사처벌을 피하기 위해서라면 실체적 진실 따위는 외면해도 되는가. 법을 다루는 것은 오직 기술일 뿐인가. 나는 그 기술력을 연마하기 위해 여기에 앉아 있는가. 나는 어떤 변호사가 될 것인가. 법이란 무엇일까. 또 정의란 무엇일까.

그로부터 몇 년이 흐른 2013년 6월 19일, 모든 성범죄에 대하여 친고죄가 폐지되었다. 고소가 없어도 고소가 취소되어도 성폭력범죄자에게 유죄를 선고할 수 있게 되었다.

어느 순간부터 천장에서 쏟아지는 물을 내 작은 두 손으로 막기엔 역부족이라는 생각이 들었다. 조금씩 새는 물 정도는 어쩔 수 없다고 여기기 시작했다. 시험일이 코앞으로 다가온 때였다. 연일 격화되는 시위로 나라가 어지러웠다. 언뜻 접하는 뉴스 화면에는 광화문 광장을 가득 메운 시위대의 모습이 보였다. 그때마다 독서실에 앉아 있는 내 모습이 맞는지 갈등하고 또 갈등했다. 하지만 나는 선택권이 없었다. 오로지 일신의 입신양명을 위한다는 비난이라면 감수할 수밖에 없다고 생각했다. 어떤 사람이 될 것인지 어떤 변호사가 될 것인지보다 과연 변호사가 될 것인지가 더 문제였다. 우선 내가 잘돼야 더 큰 일을 할 수 있다고 스스로를 합리화했다. 지금 내가 하는 공부는 나 혼자 하는 공부가 아니었다. 부모님과 함께 하는 공부였다. 그들은─무소식이 희소식이라면서도─이제나저제나 기약 없는 수신자 부담 전화를 기다리고 있었다. 괴로움 속에서도 독서실 자리를 지켜야 했다. 이름조차 모를 시민들 그리고 사회에 대해 부채 의식을 갖게 된 것은 그때부터였던 것 같다.

차가운 단칸방에 몸을 누였다. 잠이 오지 않아 한참을 뒤척였다. 바닥에 가슴을 대고 엎드리니 쿵쾅대는 심장박동이 방 전체에 울렸다. 내 심장 소리를 그렇게 또렷하게 들은 것은 그때가 처음이다. 사법시험 전날이었다. 자야만 해, 자야만 해. 억지로 주문을 외웠다. 잠이 든 것인지 아닌지 확실치 않았다. 마치 무의식과 의식의 경계에 있는 듯했다. 그리고 그 경계선 위에서 생생한 기억을 떠올리듯 불꽃과도 같은 꿈을 꾸기 시작했다.

***

이 책은 형법의 주요 쟁점을 대표하는 실제 사건을 모티브로 삼고 있으며, 이들에 대한 저자의 경험은 허구입니다.

◈ 차례

보이지 않는 살인

⚖️

　바람 한 점, 구름 한 점 없이 화창한 봄날 아침이었다. 차를 두고 집을 나섰다. 퇴근하고 사법연수원 동기들과 술자리가 약속되어 있었다. 그것은 숨 막힐 것 같은 서초동 생활에서 단비와도 같은 모임이었다. 의뢰인이 계속 거짓말을 하고 속이는 바람에 믿는 도끼에 발등을 찍혔다던가, 대표변호사가 일주일에 몇 번씩 회식을 하고 노래방에 데려가 노래를 시킨다던가, 모 법원 모 판사의 갑질이 장난 아니더라 하는 얘기를 하고 들으며 우린 서로 동질감을 확인하고 위로받았다. 벌써 퇴근이 기다려졌다. 콧노래가 절로 났고 발걸음은 알 듯 모를 듯 리듬을 타고 있었다. 교대역 지하철에서 지상으로 연결되는 계단을 누구보다 가볍게 뛰어 올라 서초대로에 발을 디뎠다.

넓은 서초대로에 위치한 대형 가전매장 앞에 사람들이 모여 있었다. 크기가 다양한 여러 대의 TV들이 큰 쇼윈도를 가득 채우고 있었다. 어떤 TV는 바다의 수평선만을, 어떤 TV는 흐린 하늘만을 비추고 있었다. 바다에는 쓰레기 같은 것들이 어지럽게 떠 있었고, 잿빛 하늘의 화면 속에선 검은색 헬리콥터가 들락날락했다. 또 어떤 TV는 초록색 갑판이 검은색 바닷물에 맞닿기 직전 그늘져 있는 모습을, 또 어떤 TV는 뒤집힌 채 바다 위에 떠 있는 작은 주황색 보트의 모습을 담고 있었다. 나는 그제야 어떤 상황인지 비로소 깨달을 수 있었다. 쇼윈도는 마치 대형 모자이크처럼 하나의 큰 그림을 그리고 있었다. 바다에 거꾸로 처박힌 거대한 선박의 그림. 나는 압도당한 채 그대로 몸이 굳었다. 옴짝달싹할 수 없이. 동기 모임은 취소되었다. 4월 16일이었다.

선박에는 제주도 수학여행을 가는 300여 명의 고등학생들이 타고 있었다. '곧 구조될 거야. 요즘 기술이 얼마나 발전했는데'라는 생각은 착각이었다. 온 국민이 애타는 마음으로 며칠을 뉴스에 매달렸다. 하지만 거꾸로 처박힌 선박에 갇힌 사람들을 구조할 뾰족한 수는 없었던 것 같다. 생때 같은 아이들이 어두운 선박 안에서 갇혀 느꼈을 죽음의 공포는 감히 상상조차 할 수 없었다. 거대한 비극이었다. 그리고 그것은 우리 어른들의 책임이었다. 구조에 대한 기대감은 어느 순간 체념으로 바뀌고 있었다. 승객들을 대피시켜야 했을 선장과 선원들은 미리 탈출하여 구조되었다. 그렇게 살아남은 자들에 분노가 일었다. 그들은 모두 구속되어 재판을 기다리고 있었다. 아직 살아 있을지 몰라. 단 1퍼센트의 가능성이라도. 고문하는 희망과 체념 그리고 공허한 분노가 반복되는 괴롭고도 무력한 날들이 계속됐다. 어느 순간부터는 소주 한 병을 다 마시지 않으면 잠들지 못했다. 학생들의 생존 가능성은 이미 0으로 수렴하고 있었다.

여느 날과 같이 모두가 퇴근한 사무실에 홀로 앉아 소주 한 병을 다 마시고는 상담실 소파에 누워 잠을 청했다. 잠이 들었던가. 휴대전화 진동 소리에 테이블 위로 팔을 휘저었다.

"……여보세요."

짧은 통화를 마치곤 마치 잠든 적 없었다는 듯 눈을 깜박거렸다. 벌떡 자리에서 일어나 앉아 방금 꿈을 꾼 것인지 정말 통화를 한 것인지 통화 목록을 확인했다. 꿈이 아니었다. 선장의 국선변호인으로 지정되었다는 법원의 전화였다.

머릿속이 하얘졌다. 선장 신분을 숨기기 위해 제복을 벗고 속옷 차림으로 황급하게 경비정에 올라타던 그의 모습이 눈에 선했다. 그는 선장으로서 임무를 포기한 채 도망치고 있었다. 전 국민이 그를 살인자라며 비난했다. 그는 이미 내 마음속에서도 유죄였다. 그는 비겁하고 무책임했다. 그리고 그 결과는 형언할 수 없을 정도로 참혹했다. 결코 돌이킬 수 없었다.

살인자를 변호할 수 있을까. 내가 그를 변호한다면 사람들은 모두 나를 비난하겠지. 나는 과연 감당할 수 있을까. 그런 내 모습을 보는 부모님은 어떤 감정을 느낄까. 그를 변호하는 것이 내 변호사 경력에 평생 꼬리표처럼 따라붙어서 나를 괴롭히진 않을까. 변호사 일을 계속할 수는 있을까. 그럼 변호사는 어떤 일을 해야 하는가. 그와 같은 살인자는 변호받을 권리도 없는가. 법이란 무엇인가. 정의란 무엇인가. 나는 그를 변호해야 하는가. 그에 대한 변호를 당당히 거절해야 하는가. 그를 적당히 변호하는 척해야 하는가.

하지만 나는 '인권'이란 것을 떠올려야 했다. 변호인의 조력을 받을 권리는 구속을 당한 사람의 헌법상 권리, 즉 인권이다. 그와 같은 죄인에게 인권이라니? 아니, 살인자도 인간이기는 했다. 무죄를 주장해주진 못하더라도, 국가가 일방적으로 진행하는 형사 절차에서 인간으로서 당연히 보장받아야 할 권리를 위하여 법률전문가가 곁에 있어주어야 한다.

대한민국 헌법 제12조

④ 누구든지 체포 또는 구속을 당한 때에는 즉시 변호인의 조력을 받을 권리를 가진다. 다만, 형사피고인이 스스로 변호인을 구할 수 없을 때에는 법률이 정하는 바에 의하여 국가가 변호인을 붙인다.

서둘러 눈을 붙였다. 어쩌면 나는 처음부터 선택권이 없었다. 국선변호사였다. 한참을 뒤척였지만 잠이 오질 않았다. 의무적으로 눈을 감고 그저 아침이 되길 기다려야 했다. 눈을 뜨니 창밖의 햇살과 바람은 늘 그랬던 것처럼 평온했다. 마치 아무 일도 없었던 것처럼. 차에 기름을 가득 채우고 그가 있는 구치소의 주소를 내비게이션에 입력했다. 주어진 시간이 많지 않았다. 담담한 척했지만 떨렸다. 이 만남이 내 인생에 어떤 영향을 미칠지 가늠조차 할 수 없었다. 평소답지 않게 급가속을 하고 급제동을 했다.

면회실 문을 열고 들어서자 뉴스에서 보았던 그가 앉아

있었다. 미동도 없이 콧등에 걸친 안경 너머로 나를 바라보고 있었다. 눈동자에는 초점이 없었다. 엄청난 일에 연루되었다는 당혹감 때문인지, 무고하다는 억울함 때문인지 알 수 없었다. 다만 그는 많이 지쳐 보였다. 처음부터 무슨 말을 꺼내야 할지 고민되었다. 그가 먼저 입을 열었다. 그는 조심스러웠다.

"사람들이 저 보고 살인자라고 하던데…… 제가 살인자인가요?"

목소리는 미세하게 떨리고 있었다. 그는 '살인'이라는 단어가 주는 무게감을 버거워하고 있었다. 어디서부터 어떻게 설명해야 할까. 형법상 '부작위범'이라는 개념. 그가 더 기다리지 못하고 다시 입을 열었다. 억울해하고 있었다.

"아니 제가 학생들을 어떻게 하려고 일부러 배를 전복시킨 게 아니잖아요? 제가 학생들을 바다에 밀어서 빠뜨린 것도 아니고……."

그렇게 생각할 수 있다. 아니 법을 모르는 일반인이라면 당연했다. 문득 아주 오래전 사건이 떠올랐다. 그에게 교과서를 읽듯 법 이론을 설명해주는 것보다 그 사건의 이야기를 해주는 것이 이해시키는 데 더 친절한 방법이라 생각했다. 나는 입을 열었다.

"아내가 남편을 살해한 것으로 기소된 사건이 있었어요."

그의 기대와는 다른 답변이었지만 그는 곧 내 말에 집중했다.

"어떻게 된 거냐면…… 남편이 술에 취해서 바닥에 넘어져 머리를 부딪쳤거든요. 뇌출혈이었어요. 뭐 어떻게 해요. 남편을 입원치료 시킬 수밖에 없었죠."

그는 안경을 올리며 고개를 끄덕였다.

"뇌출혈. 남편은 자발 호흡을 할 수 없었어요. 호흡기를 달고 있어야 했는데……."

긴장한 듯 그는 검지로 테이블을 두드리고 있었다. 그는 그런 자신의 행동을 의식하지 못했고, 나는 그런 그를 신경 쓰지 않으려 했다. 이야기는 이제 막 시작되었고, 주어진 시간은 부족했다. 나는 모른 척 이어나가야 했다.

"한데 그 아내라는 사람은 남편 치료비를 감당할 수 없었나 봐요. 아니 무엇보다 남편이란 사람이 사업에 실패하고 20년 가까이 무위도식했거든요. 그것도 모자라 술만 마시면 가족들을 때렸고요. 그래서 아내는 저렇게 누워서 병원비를 축내며 가족에게 짐이 되기보단 차라리 저 인간 죽어버렸으면 하고 생각한 거죠."

그가 미간을 찌푸렸다. 마치 '어떻게 그런 생각을 할 수 있지?'라는 듯. 아니 어쩌면 자신을 빗댄 것이라고 불안한 추측을 시작했을지 모르겠다. 나는 말을 이었다.

"아내는 집요하게 의료진을 졸랐어요. 제발 자기 남편을 퇴원시켜달라고. 그리고 결국 퇴원 허가를 받아냈지요. 자, 그다음엔 어떻게 해야 하죠?"

갑작스러운 질문에 그의 손가락이 멈췄다. 하지만 어차피 답변은 들을 생각이 없었다. 내가 그 답을 알려주었다.

"호흡기를 떼야죠. 그래서 병원 인턴이 호흡기를 뗐어요. 어떻게 됐을까요. 남편은 5분도 안 돼서 사망했습니다."

흠칫 놀란 듯 그가 눈을 동그랗게 떴다. 그러더니 마치ㅡ 세상에는 별별 일이 다 있지ㅡ그 아내의 마음을 이해 못할 것도 없단 듯 고개를 끄덕이다 멈칫하고 고개를 갸웃거렸다. 그는 다시 동그랗게 눈을 뜨고 물었다.

"살인죄로 기소됐다고요? 아내가?"

나는 고개를 끄덕였다.

"네, 살인죄로. 그리고 그 살인죄로 유죄를 선고받았습니다."

안경 뒤의 눈동자가 흔들렸다. 이제 본격적으로ㅡ그 아내는 당신을 빗댄 게 맞다고ㅡ그 유죄의 이유를 이해시켜야 할 차례였다. 나는 다시 입을 열었다.

"부부였잖아요. 부부는 서로 의무가 있어요. 동거의무나 부양의무 같은……. 그리고 서로의 생명을 보호해야 할 의무도 당연히 있겠죠."

그가 고개를 떨구었다. 그의 입모양은 '의무'라는 단어를 쓰고 지우길 반복하고 있었다. 방금 들은 이야기가 자신에게도 적용될 것을 깨닫고 있었다. 초조하고 혼란스러워 보였다. 하지만 아직 이야기는 끝나지 않았다. 다시 집중시켜야 했다.

"선생님."

겨우 마주친 그의 눈은 더 이상 불안감을 숨기지 못했다. 나는 단호하게 입을 열어야 했다.

"위험이 발생할 것을 막을 의무가 있는데도 그 의무를 다하지 않아 결국 그 위험이 발생했다면, 그 의무가 있었던 사람은 그 발생된 위험에 대해서 책임을 져야 합니다."

형법 제18조(부작위범)
위험의 발생을 방지할 의무가 있거나 자기의 행위로 인하여 위험발생의 원인을 야기한 자가 그 위험발생을 방지하지 아니한 때에는 그 발생된 결과에 의하여 처벌한다.

그는 크게 고개를 가로저으며 도리질 쳤다. 내 말을 믿을 수 없는지, 자신이 살인자라는 현실을 받아들일 수 없는지, 알 수 없었다.

"선생님은 승객을 구조하기 위해 가장 핵심적인 역할을 해야 할 '선장'이라는 지위에 있었습니다. 적극적으로 퇴선 명령 같은 조치를 해서 승객들이 마냥 기다리다가 익사하는 결과를 방지해야 할 의무가 있었지요. 그런데도 선생님은 어떠한 조치도 없이 승객들을 남겨두고 탈출했어요. 바로 그런 행동, 바로 그런 승객들을 구하겠다는 조치를 이행하지 않은 부작위(不作爲)가 승객들을 일부러 물에 빠뜨려 익사시키는 작위(作爲)의 행동과 다름없다는 거죠."

그러자 그가 울분을 토했다.

"설마…… 설마 내가 일부러 아이들을 죽이려고 했을까!"

거의 울먹이고 있었다. 하지만 나는―위로 대신―사건에 대한 내 법적 검토 결과만을 정확하게 알려주고 싶었다.

"선생님 정도 경험을 가진 선장이라면, 아이들이 빠져나오지 못해서 익사할 수밖에 없다는 걸 충분히 예상했을 거예요. 그죠?"

그가 일그러진 표정으로 나를 노려보았다. 더 설명이 필요해 보였다.

"미필적(未必的) 고의. 미필적 고의라고 해요. '죽어도 어쩔 수 없지 뭐.' 확정적이진 않지만, 그래도 여전히 아이들을 죽일 '고의'가 있었다고 보는 거죠."

그가 반문하려는 듯 입을 열었지만 끝내 말을 꺼내지 않았다. 그런 그를 두고 짐을 챙겨 면회실을 나왔다. 그런 나를 그가 빤히 바라보고 있었다.

퇴근 시간에 정체된 시내 도로를 요리조리 탈출해 가장 가까운 고속도로에 올랐다. 구조자는 없었다. 배는 더 깊숙이 처박히고 있었다. 항구는 고인들을 추모하는 노란 리본들로 물결을 이루었다. 유가족들은 진상조사를 요구하며 광화문 앞에서 천막농성을 시작했다. 구조하다가 사람이 사망하는 사고까지 발생했다. 전복사고에 정부가 개입되어 있다는 음모론이 제기되기도 했다. 정치인들은 이를 정쟁의 수단으로 삼았다. 사회는 혼란의 극치에 이르고 있었다. 그런데도 인지상정이라면 인지상정일까. 정작 선장이라는 자는 못내 억울해하며 자신의 안위만을 걱정하고 있었다. 면회실을 나올 때부터였다. 가슴에 마치 큰 돌덩어리가 얹어져 있는 것 같았다. 더 빨리 달린다면 이 콘크리트 같은 가슴을 뚫을 수 있을까. 가속페달을 최대한으로 밟았다. 하나 나아지지 않았다. 오히려 더 강하게 짓눌릴 뿐. 아이들이 생전에 휴대전화로 찍었던 동영상들이 공개됐다. 아이들은 아직 위험을 실감하지 못하고 있었다. 목소리는 '너무도' 앳되었다. 눈에서 뜨거운 것이 터져 나왔다. 나는 비로소 헐떡이며 숨통을 틀 수 있었다. 차 안으로 들이치는 바람이 머리칼과 눈물을 헝클어 흩뜨렸다. 어찌 되었든 나는 이래저래 살아 숨 쉬고 있었다. 그리고 그저 그런 사실만으로도 죄스러웠다. 나는 그를 변호할 자신이 없었다. 그것도 능력이라면 나에게는 능력이 없었다. 그 역시 그런 나를 달가워할 리 없었다. 사무실로 돌아가자마자 사임계를 제출했다. 후회는 없었다.

엉겁결의 일격

⚖️

'누구지? 이 시간에.' 경련하듯 눈을 떴다. 시멘트 바닥에 운동화 고무 재질이 압착되는 소리가 가까워지고 있었다. 벽시계의 짧은바늘이 막 6자에 다다르고 있었다. 새벽 여섯 시였다. 난방이 꺼졌는지 사무실에 냉기가 돌았다. 상담실 소파 안에 구겨져 있던 몸이 마치 그대로 굳은 듯했다. 발걸음 소리가 사무실 앞에서 잠시 멈추더니 서성이는 듯했다. 내 손님이 아닐 거야. 이렇게 이른 시간에. 나는 덮고 있던 패딩을 겨우 목까지 끌어당긴 채 다시 눈을 감았다. 똑똑. 번쩍 눈이 뜨였다. 분명 내 사무실 문을 두드리는 소리였다. "누…… 누구세요?" 나는 더듬거리며 황급히 테이블 위 소주 병과 과자 봉지를 치웠다.

잠을 못 이루다 기어이 첫차를 탔다는 그녀였다. 30대 중반, 눈은 퀭했지만 머리는 잘 빗겨져 있었고 옷차림은 수수했지만 단정했다. 나는 종이컵에 믹스커피 한 잔을 타서 건넸다. 혹여 술 냄새가 날까 봐 마스크를 올려 쓰며 물었다.

"그래서…… 검찰이 선생님을 상해죄로 기소했어요?"

형법 제257조(상해)

① 사람의 신체를 상해한 자는 7년 이하의 징역, 10년 이하의 자격정지 또는 1천만원 이하의 벌금에 처한다.

그녀는 한참을 망설였다. 이따금 내쉬는 한숨은 실낱같은 휘파람 소리처럼 상담실을 채웠다가 아련히 흩어졌다. 그녀는 그때의 감각과 감정이 생생하게 되살아나는 듯 힘겹게 기억을 끄집어냈다. 사건은 이러했다.

늦은 밤 인적 드문 골목길로 그녀가 들어섰다. 느닷없이 남자가 그녀에게 달려들었다. 모르는 남자였다. 남자는 그녀를 쓰러뜨리고 그녀의 바지 속으로 손을 집어넣었다. 소리치며 반항하자 남자는 폭행했다. 그러고는 강제로 키스했다. 발버둥 치던 그녀가 무언가 물어뜯었다. 엉겁결에. 그것은 남자의 혀였다.

그녀의 이야기가 머릿속에서 낡은 영상이 되어 연기처럼 피어올랐다. 그녀의 종이컵이 불안하게 흔들리고 있었다. 커피 냄새가 숙취에 두통을 더했다. 그녀는 다시 긴 한숨을 준비하는 듯했다. 그러나 연기가 사라지면서 사건의 결론도 선명해지고 있었다. 나는 입을 열었다.

"무죄 아닐까요."

"네?"

오히려 그녀가 부정하는 듯했다.

"정당방위라고 들어보셨죠? 정당방위요."

의심인지 기대인지 모를 눈빛이 좌우로 잔상을 그리고 있었다.

형법 제21조(정당방위)

① 현재의 부당한 침해로부터 자기 또는 타인의 법익(法益)을 방위하기 위하여 한 행위는 상당한 이유가 있는 경우에는 벌하지 아니한다.

나는 당연하다는 듯 어깨를 으쓱거렸다.

"그 남자는 선생님의 성적(性的) 자기결정의 자유를 침해하고 있었잖아요."

이 무슨 말인가 싶었는지, 그녀는 눈도 깜박이지 않은 채 나를 바라보고 있었다. 나는 다시 다르게 반복했다.

"선생님이 하고 싶지 않을 때 하지 않을 자유, 그 자유를 부당하게 침해하고 있었단 말이죠."

그제야 살짝 고개를 끄덕였다. 그에 나는 마치 판사에게 변론하듯 했다.

"그 부당한 침해를 막기 위해 발버둥 치다가 얼떨결에 범인의 혀를 물어뜯었다. 이걸 상해죄로 처벌할 순 없지요. 가만히 당하고만 있을 순 없잖아요?"

갑자기 그녀가 움찔거렸다. 입 안에서─피비린내 나는 물컹한─무언가 느껴졌는지 어깨를 들썩이며 입을 가렸다. 손에서 미끄러진 컵이 나동그라지며 테이블 위로 남은 커피를 쏟아냈다. 그러자 그녀가 허겁지겁 자신의 니트 소매로 그것을 훔치더니 다시 참지 못하고 입을 막곤 헛구역질을 해댔다. "괜찮으세요?" 나는 휴지를 뽑아 건넸다. 얼굴을 감싼 그녀의 손가락이 어느새 눈물에 젖어 떨고 있었다. 그리고 그 사이로 간절한 호소가 새어 나왔다.

"……도와주세요."

나는 휴지 몇 장을 모아 테이블을 닦았다. 그리고 쓰러진 종이컵을 일으켜 세웠다. 무정한 칼에 무고한 사람이 피를 흘리고 있었다. 그리고 지금껏 누구도 그녀의 얘기에 귀 기울여주지 않았다. 피해자를 가해자로 모는 국가권력의 어리석음에 치가 떨렸다.

세 번의 재판. 결국 3심 대법원까지 왔다. 가슴을 졸였다. 1심 법원은 그녀에게 유죄판결을 내렸다. 그러나 2심 법원에서 그 판단이 뒤집혔고, 3심 대법원은 그녀의 무죄를 확정했다. 정당방위가 맞았다.

"남자가 인적 드문 심야에 혼자 귀가 중인 여자에게 뒤에서 느닷없이 달려들어 어두운 골목길로 끌고 들어가 담벽에 쓰러뜨린 후 음부를 만지며 반항하는 여자의 옆구리를 무릎으로 차고 억지로 키스를 하므로, 여자가 정조와 신체를 지키려는 일념에서 엉겁결에 남자의 혀를 깨물어 혀가 절단되는 상처를 입혔다면, 그것은 자기의 신체에 대한 현재의 부당한 침해에서 벗어나려고 한 행위로서 그 행위에 이르게 된 경위, 목적, 수단 등 전체사정에 비추어 볼 때 위법성이 없다."

무죄. 그녀는 숨죽여 훌쩍였다. 그러고는 나를 보며 어떠한 말 대신 다시 긴 휘파람을 불었다. 희미했지만 분명한 안도였다. 그녀는 이제－확정적으로－집에 돌아갈 수 있었다. 다만 다시 평범한 일상으로 돌아갈 수 있을지는 알 수 없었다. 그녀를 보내고 사무실로 돌아왔다. 창밖으로 시선을 옮기니 막 노을이 지고 있었다. 서초대로는 이미 퇴근하는 사람들로 붐볐다. 오늘 저기 누군가는 유죄를, 저기 누군가는 무죄를, 저기 또 누군가는 형식판결을 받았을 테지. 편의점에서 소주 한 병과 과자 한 봉지를 사서 사무실로 돌아왔다. 전화벨이 울렸다. 법원에 있는 연수원 동기였다. 막 딴 소주병을 종이컵에 기울이려다 그냥 내려놓았다. 교도소의 '그'에게 무기징역이 확정되었단다. 판사 동기는 내가 그의 국선변호인으로 선임되었다가 사임했다는 사실을 잘 알고 있었다. 그녀는 나를 위해 긴 시간 동안 그 사건의 판결문을 읽어주었다.

"범죄는 보통 적극적인 행위에 의하여 실행되지만 때로는 결과의 발생을 방지하지 아니한 부작위에 의하여도 실현될 수 있다. 자연적 의미에서의 부작위는 거동성이 있는 작위와 본질적으로 구별되는 무(無)에 지나지 아니하지만, 형법 제18조(부작위범)에서 말하는 부작위는 법적 기대라는 규범적 가치판단 요소에 의하여 사회적 중요성을 가지는 사람의 행태가 되어 법적 의미에서 작위와 함께 행위의 기본 형태를 이루게 되므로, 특정한 행위를 하지 아니하는 부작위가 형법적으로 부작위로서의 의미를 가지기 위해서는, 보호법익의 주체에게 해당 구성요건적 결과발생의 위험이 있는 상황에서 행위자가 구성요건의 실현을 회피하기 위하여 요구되는 행위를 현실적·물리적으로 행할 수 있었음에도 하지 아니하였다고 평가될 수 있어야 한다.

나아가 살인죄와 같이 일반적으로 작위를 내용으로 하는 범죄를 부작위에 의하여 범하는 경우에는 보호법익의 주체가 법익에 대한 침해위협에 대처할 보호능력이 없고, 부작위행위자에게 침해위협으로부터 법익을 보호해주어야 할 법적 작위의무가 있을 뿐 아니라, 부작위행위자가 그러한 보호적 지위에서 법익침해를 일으키는 사태를 지배하고 있어 작위의무의 이행으로 결과발생을 쉽게 방지할 수 있어야 부작위로 인한 법익침해가 작위에 의한 법익침해와 동등한 형법적 가치가 있는 것으로서 범죄의 실행행위로 평가될 수 있다.

선장은 승객 등 선박공동체의 안전에 대한 총책임자로

서 선박공동체가 위험에 직면할 경우 그 사실을 당국에 신고하거나 구조세력의 도움을 요청하는 등의 기본적인 조치뿐만 아니라 위기상황의 태양, 구조세력의 지원 가능성과 규모, 시기 등을 종합적으로 고려하여 실현가능한 구체적인 구조계획을 신속히 수립하고 선장의 포괄적이고 절대적인 권한을 적절히 행사하여 선박공동체 전원의 안전이 종국적으로 확보될 때까지 적극적·지속적으로 구조조치를 취할 법률상 의무가 있다.

따라서 선박침몰 등과 같은 조난사고로 승객이나 다른 승무원들이 스스로 생명에 대한 위협에 대처할 수 없는 급박한 상황이 발생한 경우에는 선박의 운항을 지배하고 있는 선장이나 갑판 또는 선내에서 구체적인 구조행위를 지배하고 있는 선원들은 적극적인 구호활동을 통해 보호능력이 없는 승객이나 다른 승무원의 사망 결과를 방지하여야 할 작위의무가 있으므로, 법익침해의 태양과 정도 등에 따라 요구되는 개별적·구체적인 구호의무를 이행함으로써 사망의 결과를 쉽게 방지할 수 있음에도 그에 이르는 사태의 핵심적 경과를 그대로 방관하여 사망의 결과를 초래하였다면, 부작위는 작위에 의한 살인행위와 동등한 형법적 가치를 가지고, 작위의무를 이행하였다면 결과가 발생하지 않았을 것이라는 관계가 인정될 경우에는 작위를 하지 않은 부작위와 사망의 결과 사이에 인과관계가 있다."

"오빠 맨날 술 마신다며. 이제 그만 마셔." 동기의 말에 확답을 주지 못한 채 그저 고맙다는 말만 반복하며 전화를 끊었다. 창밖은 완전히 어두워졌다. 퇴근길 사람들의 설레는 수런거림 대신 쌩쌩 도로를 달리는 자동차들 소리만이 서초대로를 채우고 있었다. 나는 소주병을 닫았다. 왜인지 노곤했다. 그리고 그대로 소파에 누워 눈을 감았다. 이럴 줄 알았으면 확답을 줄 걸 그랬나. 잠이 쏟아지는 듯했다. 술을 단한 잔도 마시지 않았는데도. 실로 오랜만이었다.

기수를 돌리다

∆⅄

12월 초입, 재판을 마치고 사무실로 돌아가던 길이었다. 서초동은 아무리 해도 연말 느낌이 안 났다. 언제나 삭막한 회색 빌딩 숲 그 자체였다. 빌딩들 사이 골목으로 거센 바람이 몰아쳤다. 옷깃을 여몄다.

"류 변호사!"

뒤에서 익숙한 목소리가 나를 불렀다. 돌아보니 사법연수원 동기, 근처 검찰청 김 검사가 웃으며 손을 흔들고 있었다. 그는 곧 손으로 컵 모양을 만들어 마시는 시늉을 했다. "오케이!" 나는 걸음을 돌려 그를 따랐다.

"따뜻한 커피 한 잔, 아이스커피 한 잔이요."

김 검사가 주문하고는 음흉한 미소를 지으며 나를 돌아

봤다.

"돈 많이 버시는 변호사님이 내시지요. 저는 가난한 공무원이라……."

'품!' 어이없는 웃음을 터뜨리며 지갑을 열었다.

"요즘엔 다들 힘들어. 잘 알잖아."

그의 장난기 어린 미소가 멋쩍은 미소로 바뀌었다. 민망하게 하려고 한 건 아닌데. 나는 다시 입을 열었다.

"커피 정도는 얼마든지."

둘은 서로 눈을 마주치곤 실실거리며 웃었다.

교대역 지하에서 바로 연결되는 건물 지하의 낡은 커피숍이었다. 아니 다방이라고 부르는 것이 더 정확했다. 유행이 한참 지난 꽃무늬 천 소파에 엉덩이를 파묻자 반투명 유리가 끼워진 높은 칸막이가 다른 테이블로부터 둘을 격리하고 있었다.

갑자기 어디선가 뉴스 소리가 커졌다. 누가 TV의 볼륨을 높이고 있었다. 둘의 눈과 귀는 누가 먼저랄 것도 없이 TV를 찾아 집중했다. 구식 브라운관 TV가 구멍 숭숭 뚫린 철제판으로 다방 천장 한구석에 불안하게 고정되어 있었다.

"○○항공사 부사장인 조모 씨는 외국 공항에서 국내로 출발 예정인 자사 여객기에 탑승하였다가, 담당 승무원의 객실서비스 방식에 화가 나 폭언을 하며 그 승무원을 비행기에서 내리도록 하기 위해, 기장으로 하여금 계류장의 탑승교에서 분리되어 푸시백 중이던 비행기를 다시 탑승구 쪽으로 돌아가게 함으로써 위력으로 운항 중인 항공기의 항로를 변경하게 하였다며……."

"……항공보안법 위반이라는 건가?"

나는 후후 커피를 불며 홀짝였다. "오!" 그가 놀라워하며 답했다.

"역시 박사님이네. 다들 다룰 기회가 없어서 잘 모르는 법인데. 맞아, 항공보안법 제42조 위반이야."

그가 고개를 끄덕이더니 쭉 하고 빨대를 빨았다.

항공보안법 제42조(항공기 항로 변경죄)
위계 또는 위력으로써 운항 중인 항공기의 항로를 변경하게 하여 정상 운항을 방해한 사람은 1년 이상 10년 이하의 징역에 처한다.

법조문까지 언급하는 그의 모습에 반사적으로 물음이 튀어나왔다.

"자네가 하는 사건이야?"

"응."

그의 눈이 반짝였다. "아, 그렇구나." 나는 별 생각 없이 고개를 끄덕이다 다시 질문을 던져야 했다. 뉴스 앵커가 뇌리에 남긴 생소한 단어 하나가 왠지 신경 쓰였다.

"그런데 푸시백이 뭐야?"

그는 친절했다.

"계류장에 있는 항공기를 차량으로 밀어서 유도로까지 옮기는 것."

"응?" 하며 내가 고개를 갸우뚱하자 "왜?" 하며 그가 되물었다. 그럼 단지 계류장에서 유도로로 이동하는 비행기를 다시 탑승구 쪽으로 돌아가게 했다는 거잖아. 나는 감히 사건의 담당 검사에게 되받아 물었다.

"그게 '운항 중인 항공기의 항로'를 변경한 건가?"

그가 빨대를 빨다 사레들린 듯 콜록거렸다. 곧 겨우 진정하며 입을 열었다.

"항공보안법 제2조 제1호에 말야. '운항 중'이라는 개념을 승객이 탑승하여 항공기의 모든 문이 닫힌 때부터 승객이 내리기 위해 문을 열 때까지로 정의하고 있거든?"

"응?" 나는 다시 고개를 갸웃거렸다. "또 왜?" 무엇이든 답해주겠다는 듯 그가 의기양양하게 되물었다. 하지만 그것은 정확한 답변이 아니었다.

"그럼 '항로'에 대한 정의규정은 있고?"

"없어."

그가 짧게 답하곤 목을 가다듬었다. 나는 그의 답변을 더 기다렸다. 그는 조금 고민하더니 다시 입을 열었다.

"하지만 제42조에서 '운항 중인 항공기의 항로'라고 하고 있잖아. 지상이든 공중이든 운항 중인 항공기가 다니는 길이라면, 묻지도 따지지도 않고 모두 '항로'인 거지."

"글쎄." 납득이 되지 않았다. 나는 휴대전화를 꺼내 국립국어원 표준국어대사전을 검색했다.

항로(航路). '항공기가 통행하는 공로(空路).'

'空路(공로)'라.

"김 검사. 항로는 지상이 아니라 '공중'의 개념인데?"

나는 마치―내가 검사, 그가 피의자인 양―취조하듯 말했다. 그러자 그가―검사는 자신이니 착각하지 말라며―바로 타이르듯 말했다.

"사전적 개념과 법적 개념은 다르게 봐야 하지 않을까."

"다르게 볼 근거는?"

잠시 정적이 흘렀다. 그는 커피 한 모금을 꿀꺽하더니 당연하다는 듯 어깨를 으쓱거렸다. 왜 이 간단한 것이 이해되지 않느냐는 투였다.

"항공기 경로를 함부로 변경하게 하는 건 대형 참사로 이어질 수도 있는, 위험성이 엄청나게 큰 행동이잖아. 그만큼 처벌의 필요성이 높다는 거고."

그는 남은 얼음을 입 안 가득 털어 넣었다. 나는 그제야 처음부터 품어왔던 의문을 토해냈다.

"처벌의 필요성이 높으니, 처벌해야 한다? 형벌법규의 해석은 엄격해야 할 뿐만 아니라, 문언의 가능한 의미를 벗어나 피고인에게 불리한 방향으로 확장해석해선 안 되지 않을까."

그는 우물거렸다. 비단 그의 입 안에 얼음이 가득해서만은 아니었다. 분명하게 들리진 않았지만 아마도 '죄형법정주의'라고 했겠지. 이젠 내가 그를 타이르듯 말했다.

"그래, 죄형법정주의. 국가형벌권의 자의적인 행사로부터 개인의 자유와 권리를 보호하기 위해 범죄와 형벌을 법률로

정해야 한다는 죄형법정주의. 그 취지를 잘 생각해봐."

나는 미처 커피를 다 마시지 못했는데 김 검사의 일회용 컵은 완전히 투명해져 있었다. 소파에서 퀴퀴한 냄새가 나는 듯했다. 어느새 TV 화면은 드라마로 바뀌어 있었고 소리는 들리지 않았다. 둘은 곧 그곳을 빠져나왔다.

거센 빌딩풍은 거리의 전단지들을 소용돌이치게 하고 있었다. 둘은 몸을 움츠렸다. 사실 그 사건에서 가장 궁금한 건 따로 있었다. 잠시 고민하다 조심스레 그에게 마지막 질문을 던졌다.

"그래서 그 조모 씨는 뭐가 그리 맘에 안 들어서 비행기를 돌렸다니?"

그는 쓴웃음을 지으며 뜸을 들였다.

"……."

"뭔데?"

"땅콩 서빙 방식이 마음에 안 들었대."

"따…… 땅콩?"

손을 흔드는 그의 뒷모습을 멍하니 바라보고 섰다. 두 손으로 커피를 감쌌다. 아직 온기가 남아 있었다.

크리스마스가 다가오고 있었다. 사무실 입구에는 싸구려 트리가 초라하게 깜박이고 있었다. 사무실로 뛰어 들어가 패딩도 벗지 않은 채 딱딱한 소파 위로 몸을 던졌다. 기록적인 한파였다. 한기가 가실 때까지 소파와 한 몸이 된 채 한참을 떨어야 했다. 그런데 별안간 테이블 위로 익숙한 이름이 눈길을 사로잡았다. 신문이 놓여 있었다. 톱기사였다.

"○○항공사 조○○ 부사장……."

추위고 뭐고 용수철처럼 튀어 올라 그것을 펼쳤다.

"법률을 해석할 때 입법 취지와 목적, 제정·개정의 연혁, 법질서 전체와의 조화, 다른 법령과의 관계 등을 고려할 수 있으나, 문언 자체가 비교적 명확한 개념으로 구성되어 있다면 원칙적으로 이러한 해석 방법은 활용할 필요가 없거나 제한될 수밖에 없다. 죄형법정주의의 원칙이 적용되는 형벌 법규의 해석에서는 더욱 그러하다."

항공보안법 제42조 위반죄에 대하여는 무죄가 선고되었다. 조모 씨는−지상의 길을 변경했을 뿐−항로, 즉 공중의

길을 함부로 변경한 것은 아니라는 것. 조모 씨는 항공사 회장의 딸이었다. 재벌 3세였다. '너 내려! 나 이 비행기 못 띄워!' 이른바 '갑의 횡포'에 전 국민이 분노한 것은 물론, 외신까지 그녀의 행동을 비난했다. 하지만 '유추해석금지의 원칙.' 아무리 그녀가 밉다 한들 법에서 처벌하지 않는 행위를 처벌하는 것으로 유추하거나 확장 해석하여 처벌할 순 없다. 개인의 자유와 안전을 보장하기 위한 것이다. 사법기관 마음대로 법을 '창조'하도록 두어서는 안 된다는 '죄형법정주의'의 취지이다. 조모 씨는 성난 여론을 이기지 못해 사표를 제출하며 경영 일선에서 물러났다. 그리고 그로부터 약 3년여 후 다시 계열사의 사장으로 복귀했다.

아, 김 검사. 그제야 김 검사가 걱정됐다. 무죄판결은 검사에게 치명적이다. 인사고과에 지극히 불리하다. 맘이 편치 않았다. 왠지 나 때문인 것만 같았다. 연락하기가 망설여졌다. 휴대전화를 들었다가 놓기를 수차례. 결국 포기했다. 당장 술을 산다고 했다간 지금 누굴 놀리냐며 오해를 받을 것만 같았다. 크리스마스가 지나고 신년이 되면 동기들 신년 모임을 핑계로 거나하게 위로주를 살 것이라 소심하게 다짐할 수밖에 없었다. 그런데 왠지 서초동에선 크리스마스 캐럴이 울리지 않았다.

삼거리 교차로

⚖

　드르륵 드르륵. 한참 진동하는 휴대전화 소리에 기어이 몸을 일으켜 세웠다. 겨우 눈을 뜨고는 발신번호를 확인했다. 또 무슨 일이 생겼구나. 고등학교 동창. 녀석은 평소 연락 한 번 안 하면서 사고가 터져 법적 조언이 필요할 때면 때와 장소를 가리지 않고 내게 전화를 걸어왔다. 그래, 이해할 수 있었다. 그것이 내 직업적 숙명이다. 밀린 서면을 쓰다 상담실 소파에 누워 잠든 지 꼭 세 시간. 새벽 3시였다.

　"여보세요."

　"여. 보. 세……."

　강한 바람 소리가 휴대전화로 들이쳐 그의 말이 자꾸만 끊겨 들렸다.

"뭐라고? 들려?"

정확하진 않았지만 그는 곧 다시 전화하겠다고 하는 것 같았다. 전화를 끊었다. 이 시간에 어딘 거지. 나는 멍하니 테이블 위에 산더미처럼 쌓인 사건기록들을 바라보았다. 눈은 이미 어둠에 적응되어 있었다. 저걸 언제 다 보나. 불도 켜지 않은 채 다시 소파에 기대어 눈을 붙였다.

다시 휴대전화가 진동했다.

"여보세요?"

"……."

바람 소리는 더 이상 들리지 않았다. 그리고 그의 말소리도. 연결이 끊긴 건지, 휴대전화를 확인했지만 정상적으로 연결되어 있었다. 다시 휴대전화에 대고 물었다.

"여보세요? 무슨 일 있니?"

"……사고가 났어. 교통사고."

평소 활발했던 그의 목소리가 작게 떨렸다. 목소리 너머로 간간이 경찰차의 사이렌 소리가 들리기도 했다. 아, 음주운전인가. 음주라면 정말 답이 없는데.

"술 마셨니?"

"아니, 안 마셨어."

"측정했어?"

"응, 했어. 깨끗해."

'아…….' 그제야 그가 다친 데는 없는지 궁금했다.

"어디 다친 데는 없고?"

"난 괜찮은 것 같아."

난 괜찮은 것 같다니.

"그럼 누가 다쳤어?"

"오토바이. 오토바이에 탄 사람……."

오토바이에 탄 사람이 구급차에 실려 갔다며, 그는 더 말을 잇지 못했다.

형법 제268조(업무상과실·중과실 치사상)
업무상과실 또는 중대한 과실로 사람을 사망이나 상해에 이르게 한 자는 5년 이하의 금고 또는 2천만원 이하의 벌금에 처한다.

아, 오토바이. 부모가 자식 죽으라고 사 준다는 그 오토바이.

"그래, 대체 어쩌다가."

그는 잠시 생각을 정리하듯 침묵했다. 그러고는 찬찬히 묘사하기 시작했다. 경황이 없어 두서가 없기도 했지만—불과 몇 분 전에 벌어진 일인 만큼—생생했다. 테이블 위에 널브

러져 있던 이면지와 연필을 아무렇게나 잡아 들었다. 왼쪽 뺨과 어깨 사이에 휴대전화를 끼고는 서둘러 책상 앞에 앉아 노트북 마우스를 움직였다. 사무실 불을 켤 새도 없었다. 어두운 사무실 안에서 노트북의 푸른빛만이 유일하게 책상을 비추고 있었다. 나는 그가 전하는 실황을 이면지에 중계하기 시작했다.

"삼거리 교차로였어."

"응"

"내가 직진신호를 기다리고 있었거든."

"그래."

"그래서 직진신호에 따라 교차로를 통과했는데……."

그는 머뭇거렸다. 아직 사고의 충격이 가시지 않은 듯했다. "그런데?" 그런 그를 나는 조심스레 재촉했다.

"과속이었어."

"과속."

"응, 제한속도가 50이었는데."

"50이었는데."

미세하게 담배 타 들어가는 소리가 들렸다. "후……." 담배 한 모금을 빨아 내뱉는 듯한 소리였다. 사실 긴 한숨이었는지 분간이 가지 않았다.

"80이 찍혔어."

"80?"

"응."

그는 분명 담배 한 모금을 더 빨고 내뱉고 있었다. 그런데 이번에는 연기를 뱉는 둥 마는 둥 갑자기 목소리를 높였다. 억울하다는 어조였다.

"근데 교차로를 통과하자마자 있잖아."

"교차로를 통과해서?"

"응, 교차로를 다 통과했는데, 갑자기 오토바이가 내 왼쪽을."

"왼쪽? 운전석 쪽?"

"응, 운전석 쪽. 갑자기 오토바이가 내 차 운전석 쪽으로 그냥 확 갖다 쌔려 박는 거야."

"응? 갑자기?"

"응, 진짜 쾅! 번쩍했다니까."

그가 세상에 이렇게 황당한 일이 있느냐며 흥분했다. 일단 좀 진정하라며 내가 다시 물었다.

"오토바이가 술 마셨나?"

"아니, 그것도 아니래."

"그럼 왜⋯⋯."

"그건 나도 모르지."

나는 잠시—중계—그림 그리기를 멈추었다. 여태 내가 파악한 것이 과연 그의 기억대로인지 확인해야 했다.

"그러니까…… 삼거리 교차로 직진신호에서 오토바이가 교차로에 들어가기도 전에 미리 좌회전을 하려고 꺾었다?"

"그래, 바로 그거야." 그는 이제야 이해했냐며 컥컥대며 가래를 내뱉었다. 그리고 자신이 기소의견으로 검찰에 송치될 거라고 경찰들끼리 하는 얘기를 들었다고 덧붙였다. 그의 주장을 간단히 말하면 이랬다. "과속은 했지만 사고를 낸 건 아니다." 술은 마셨지만 음주운전을 하지 않았다는 항간의 우스갯소리 아닌 우스갯소리가 떠올랐다. 하지만 그는 억울하다고 했다.

전화를 끊고 잠시 의자를 젖혀 눈을 붙였다. 잠이 오지 않았다. 그의 입장을 이해하려는 노력도 없이 은근히 그의 잘못만을 탓했던 찝찝함에 더 자려는 시도를 포기하고 사무실 불을 켰다. 의자에 앉아 책상 위에 놓인 그림을 집었다. 다시 자세히 들여다보았다.

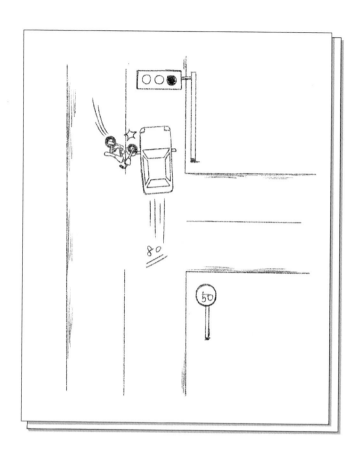

　그러네, 억울할 만했네. 놓친 것이 있었다. 내가 틀렸다는 생각에 얼굴이 화끈거렸다. 자고 있진 않겠지? 바로 오류를 시정해야 했다. 자고 있어도 상관없어. 휴대전화를 들어 그에게 전화를 걸었다. 새벽 5시였다.

"응? 무슨 원칙이라고?"

그의 목소리는 졸렸지만 어딘지 기대를 품고 있었다.

"신뢰의 원칙. 교통사고엔 '신뢰의 원칙'이란 게 있거든."

"신뢰? 믿는다고?"

"응, 그렇지."

"그럼 믿음의 원칙이란 건가?"

"그렇지. 봐봐. 세상이 발전하면서 자동차가 많아지잖아. 그럼 자동차 사고도 많아질 테고."

"그렇지."

"그런데 그 모든 사고를 다 처벌할 순 없지 않겠어? 그래서 정말 그 사고에 잘못이 있는지 없는지, 교통사고에 대해서는 한 번 합리적으로 조정해서 보겠다는 거야."

"조정?"

그가 솔깃해했다.

"응, 조정. 나만 교통규칙을 잘 지킨다면 다른 운전자도 나처럼 규칙을 잘 지킨다고 믿고 운전하면 될 뿐, 다른 운전자가 규칙을 위반해서 운전할 것까지 내가 예상하면서 운전할 필요는 없단 거야."

그는 천천히 그리고 꼼꼼히 나의 말을 되뇌었다.

"그러니까……."

"응."

"그때 직진신호를 받고 그대로 직진한 나는. 오토바이도 그 신호를 지켜 정지할 것으로 믿고 그대로 직진하면 될 뿐."

"그렇지."

"그 오토바이가 신호를 위반해서 내 앞으로 좌회전할 것까지 예상하면서 운전할 필요는 없다?"

"정확해."

"그럼 어떻게 되는데?"

"네 과실(過失)은 인정되지 않아."

"과실?"

"잘못 말이야. 신뢰의 원칙이 적용되면 그 사고에 네 잘못은 인정되지 않아."

"하지만……" 그가 무슨 말을 하려는지 이미 알고 있었다. 내가 선수를 쳤다.

"그래, 과속을 하긴 했지."

"응, 과속."

"하지만 네가 과속을 하지 않았어도 오토바이를 피할 수 있었을까?"

"……."

"네가 과속을 하지 않았어도 네가 오토바이를 피할 수 없었던 것은 아닌지 더 따져봐야 하거든."

"음⋯⋯." 그의 머릿속은 이미 본능적으로 시뮬레이션하고 있었다. 80킬로로 달릴 때, 70킬로로 달릴 때, 60킬로로 달릴 때, 그리고 50킬로로 달릴 때를. 그는 10년이 넘는 운전 경험을 최대치로 이용해서 당시의 상황에 대입하고 있었다. 침묵은 다소 지루했지만, 나는 그의 상상을 방해하고 싶지 않았다. 사실 그 결과도 조금 궁금했다. 그가 입을 열었다.

"50으로 달렸더라도 오토바이랑 부딪쳤을 거야. 그 오토바이 완전 신호위반이었거든."

자신감이라곤 찾아볼 수 없는 말투였다. 그는 스스로를 의심하거나 속이고 있었다. 하지만 어차피 유죄 입증의 공은 처음부터 검사에게 있었다.

"유죄를 입증하는 책임은 검사에게 있어. 네가 제한속도를 지켰다면 오토바이를 치지 않았을 거라고 검사가 증명해야 하거든."

"검사가⋯⋯ 증명을 못하면?" 그는 자신이 듣고 싶은 답변을 묻고 있었다. 형사재판에서 불충분한 증명의 불이익은 검사가 받는다. 답은 명확했다.

"무죄지."

"무죄라⋯⋯." 목소리에 걱정 반 기대 반의 감정이 섞여 있었다. 그가 앞으로 재판을 받으면서 하루에도 수십 번씩 왔다 갔다 할 감정이었다.

　사고 장소는 충북 증평에서 청주로 넘어가는 어느 고갯길이었다. 주위는 온통 논밭이었다. 경찰은 신호를 무시하는 차량이 많아서 최근에야 속도제한을 걸어놓았다고 증언했다. 수차례 현장검증이 이루어진 후에야 비로소 판결이 선고될 수 있었다.

　"신호등에 의하여 교통정리가 행하여지고 있는 ├자형 삼거리의 교차로를 녹색신호에 따라 직진하는 피고인으로서는 특별한 사정이 없는 한 다른 차량들도 교통법규를 준수하고 충돌을 피하기 위하여 적절한 조치를 취할 것으로 믿고 운전하면 충분하고, 대향차선 위의 피해자의 오토바이가 신호를 위반하고 직진하는 자기 차량의 앞을 가로질러 좌회전할 경우까지 예상하여 그에 따른 사고 발생을 미리 방지하기 위한 특별한 조치를 강구하여야 할 업무상의 주의의무는 없다고 할 것이다. 설사 피고인이 이 사건 사고지점을 통과할 무렵 제한속도를 위반하여 과속 운전한 잘못이 있었다고 하더라도 그러한 잘못과 이 사건

교통사고 발생과의 사이에 상당인과관계가 있다고 볼 수 없다."

결국 검사는 입증하지 못했다. '피고인은 무죄.' 판사의 말에 그가 민망할 정도로 내 손을 꼭 잡았다. 나는 형식적으로 그의 손을 잡았다가 놓았다. 네가 잘했다는 건 아냐. 나는 나직하게 말했다.

"앞으로는 과속도 조심해."

그것은 질책과 안도 사이 그 어떤 것이었다. 그 의미를 아는지 모르는지 그는 만면에 미소를 띠며 연신 고개를 끄덕였다. 그리고 그에게 어색한 미소로 이별의 인사말을 건넸다.

"평소에도 좀 연락해라."

그것은 우정과 비즈니스 사이 그 어떤 것이었을지. 그는 해맑은 아이처럼 연신 고개를 끄덕였다. 그 끄덕임의 의미를 믿을 수 없을 정도였다.

○○○ 양 사건

⚖️

"법률상 아내라고 하여도 강간죄의 객체에 포함되지 않는다고 볼 수는 없답니다. 강간죄가 보호하고자 하는 법적 이익은 자유롭고 독립된 개인으로서의 여성이 가지는 성적 자기결정권이기 때문입니다."

《저널법률》이라는 신문사로부터 매주 한 꼭지씩 칼럼을 써줄 것을 부탁받았다. 성범죄와 관련한 칼럼을 써달라는 것이었다. '혀 절단 사건' 후 나는 나도 모르게 성범죄 전문 변호사가 되어 있었다. 수차례의 뉴스 보도와 언론 인터뷰. 그런 미디어에의 노출이 나를 나 이상의 대단한 사람인 것처럼 그럴싸하게 포장했다. 변호사들이 자꾸만 미디어에 노출하려고 하는 이유가 이런 거구나. 나는 그저 보통의 변호사일 뿐인데. 나보다 더 많이 알고 더 많이 경험한 법조인이 수두룩하리라. 칼럼을 쓰는 일도 감히 주제넘는 일이라 생각했다.

"오래 고민했습니다. 이번을 마지막으로 그만두고자 합니다. 모든 면에서 역부족입니다. 널리 양해해주시면 고맙겠습니다."

노트북 화면 위 '고맙겠습니다'라는 글자 바로 뒤에서 커서가 깜박이고 있었다. 그래, 정말 끝이야. 이메일의 발송 버튼을 누르려던 찰나였다. 끼이익. 여자아이의 비명 같은, 날카로운 경첩 소리에 바싹 머리털이 곤두섰다. 순간적으로 몸을 움직일 수 없었다. 겨우 눈동자만 문 쪽으로 굴릴 수 있었다. 잿빛 낯의 남녀가 반쯤 열린 사무실 문 뒤에서 눈을 번뜩이고 있었다.

상담실 소파 옆 비스듬히 기댄 검은 장우산 아래로 빗물이 고이고 있었다. 남자는 마치 운동선수처럼 건장했고 여자는 유난히 가녀렸다. 남자는 여자의 어깨를 감싸며 다독이고 있었다. 둘은 연인 사이라고 했다. 나는 조심스레 입을 열었다.

"고인의 명복을 빕니다."

남자와 여자는 간단한 대꾸조차 없었다. 아버지를 잃었다는 여자는 눈도 깜박이지 않았다. 흡사 시체와 같았다. 그래, 충격이 클 테지. 나는 다시 입을 열었다.

"그러고는 무얼 훔쳐 갔나요?"

남자가 말끝을 흐렸다.

"현금을 좀……."

왜인지 남자는 마치 자신의 아버지를 잃은 것처럼 떨고 있었다. 덤덤한 척 애썼지만 소용없었다. 덩치가 산만 한 남자가. 기이했다. 그들이 말하는 사건의 전말은 이랬다.

지난 새벽, 여자의 집에 강도가 들었다. 강도는 같은 방에서 자고 있던 여자의 아버지를 칼로 찌르고 현금을 훔쳐서 달아났다. 강도에게 손발이 묶였던 여자는 가까스로 옆집으로 가서 경찰에 신고했다. 강도는 아직 잡히지 않았다.

누구인지 특정조차 되지 않았다. 그렇다면 그들은 일단 경찰의 수사를 기다리는 것으로 족했다. 다만 이렇게 일찍 날 찾아온 것은, 그저 앞으로 강도가 잡힌다면 그에게 빼앗긴 현금은 물론 아버지의 사망과 관련된 금전적 손해배상청구를 준비하기 위한 것이겠거니, 그리고 그 준비를 위한 서초동 '변호사 쇼핑' 중이겠거니라고만 막연히 생각했다. 우산 아래로 고인 빗물이 상담실 바닥의 낡은 타일 사이를 흘러 어느새 여자가 신고 있던 컨버스 운동화 밑창의 진흙을 녹이고 있었다.

위이잉. 누구의 전화인지 소파에서 묵직한 진동이 울렸다. 여자가 자신의 청바지 뒷주머니에 천천히 손을 갖다 댔다. 휴대전화를 꺼내 발신번호를 확인한 여자의 뺨이 상기되는 듯했다. 처음으로 여자의 목소리를 들을 수 있었다. 긴장하고 있었다.

"여…… 여보세요."

일순간, 휴대전화에 귀 기울이던 여자의 얼굴이 무섭게 일그러졌다. 마치 귀신을 마주한 듯한 표정이었다. 그것은 분명 극도의 공포감이었다.

"정말 다행이지?"

휴대전화에서 새어 나온 굵고 낮은 목소리가 상담실의 정적 속으로 스몄다.

"안 돼! 안 돼!"

여자는 갑자기 미친 사람처럼 울부짖기 시작했다. 발작에 가까웠다. 남자가 여자를 힘껏 껴안았지만 그가 힘에 부칠 정도였다.

'진짜' 사건의 전말은 이랬다. 열두살 때부터였다. 그녀는 그 아버지란 자로부터 밤마다 강간을 당했다. 그녀의 어머니 역시 그 사실을 알고 있었다. 그 아버지란 자는, 아니―'이제 엄마한테 형님이라 불러라'―그 짐승은 그녀와 어머니 (즉 자신의 아내)를 한 침대 위에 나란히 두기도 했다. 그는 짐승만도 못했다. 하지만 모녀는 도망갈 엄두조차 못 냈다. 학습된 무력감 때문이었다. 아버지란 자는 검찰 수사관이었다. 그는 종종 피의자를 집으로 데려와―모녀가 보는 앞에서―고문하고 자백을 받아냈다. 나 이런 사람이야. 내 허락 없이 너희들은 무엇도 할 수 없어. 모녀는 모든 것을 체념하고 받아들일 수밖에 없었다. 폭군이 휘두르는 극도의 공포정치에 그들은 마치 고대의 노예가 된 것 같았다.

그렇게 그녀는 대학생이 되었다. 그리고 남자친구를 만났지만 그녀의 일상은―'수업시간표 좀 보자. 수업시간 외에는 기숙사에 처박혀 있다가 주말에는 무조건 집으로 와'―아버지란 자에게 철저히 통제되었다. 데이트할 시간조차 없는 걸 이상하게 여긴 남자가 여자에게 이유를 물었지만 여자는 아무런 말이 없었다. 그러나 남자는 포기하지 않았다.

계속되는 집요한 추궁과 몇 번의 실랑이. 결국 듣게 된 여자의 고백은 청천벽력 같았다. 하지만 남자는 진심으로 그녀를 사랑하고 있었다. 둘은 함께 번민하고 또 번민했다.

'죽어 마땅한. 그래, 그 짐승을 죽여버리자. 그리고 강도로 위장하자.'

그리고 계획을 세웠다.

새벽 1시 30분. 남자는 식칼, 공업용 테이프, 장갑을 사서 여자가 열어준 문을 통해 여자의 집 안으로 들어갔다. 그는 술에 취해 잠들어 있던 아버지란 자의 양팔을 무릎으로 누르고–'더 이상 그녀를 괴롭히지 말고 이제 그만 놓아줘'–힘껏 그의 심장에 식칼을 꽂았다. 그들은 현금을 찾아 태워 없애고 서랍들을 뒤져 현장을 흩트렸다. 남자는 여자의 손목과 발목을 테이프로 묶고 달아났다. 여자는 그렇게 묶인 채 옆집으로 가서 강도를 당했다고 신고했다.

"정말 다행이지?" 담당 형사의 전화였다.

"지금 병원인데. 아버지가 기적적으로 살아났어."

여자는 절규하고 있었다. 바닥까지 무너지고 있었다.

'다 커서 성인이 된 딸이 지 아빠랑 한 이불을 덮고 자고 있었다?' 형사는 처음부터 이를 이상하게 여기고 있었다. 그리고 이제 그 의문은 풀렸다. 그는 한숨을 쉬었다. 다시 침착하게 입을 열었다.

"학생. 학생 아버지. 그 자리에서 즉사했다."

이 무슨 말인가. 여자가 입을 벌린 채 한동안 눈만 끔뻑거렸다. 이제야 그들이 나를 찾아온 이유를 알 수 있었다. 여자의 신분이 강도살인죄의 피해자에서 살인죄의 피의자로 바뀌는 순간이었다.

그 아버지란 자는 여자의 계부(繼父)였다. 두 연인은 곧─존속살해죄(형법 제250조 제2항)가 아닌─보통살인죄(형법 제250조 제1항)의 공범으로 기소될 터였다.

형법 제250조(살인, 존속살해)
① 사람을 살해한 자는 사형, 무기 또는 5년 이상의 징역에 처한다.

여자는 진이 다 빠진 듯 눈을 감은 채 남자에게 파묻혀 있었다. 남자의 입술이 파르르 떨렸다. 그는 끓어오르는 격앙감을 간신히 억누르고 있었다.

"정당방위 아닌가요?"

그래, 입에서 맴돌기만 했던 그 단어, 정당방위. 하지만 이 사건은—성폭행이 이루어지고 있는 중에, 아니면 최소한 막 이루어지려고 하는 순간에 자신을 방어하기 위해 혀를 물어 뜯은—'혀 절단 사건'과는 달랐다. 그들은 술에 취해 잠든 사람을 계획적으로 살해하고 마치 강도를 당한 것처럼 꾸몄다. 답변이 주저되었다. 남자는 그런 나를 의아한 시선으로 바라보았다. 나는 억지로라도 무언가를 내뱉어야 했다.

"네, 정당방위…… 주장해볼 순 있겠죠."

"주장해볼 순 있겠죠?" 남자가 대체 뭐가 문제냐며 답답하다는 듯 울먹였다.

"아니 한 번의 성추행을 피하려 혀를 잘라도 정당방위 무죄인데, 10년도 넘게 딸을 성폭행해온 짐승을 죽인 게 대체 정당방위가 아니라면 뭐란 말입니까?"

그는 왜 '당연히' 정당방위라고 생각하는가. 그의 울분이 나를 각성시켰다. 그것은 인간의 마땅한 감정, 그 감정이란 것 때문이었다. 딸의 삶을 철저히 유린한 인면수심의 짐승. 사지를 찢어발겨도 시원찮을 개새끼. '그는 인간으로서 살 가치도 없어.' 여자에 대한 연민, 아버지란 자에 대한 분노와 같은. 그러나 재판은 감정만으로는 할 수 없는 것. 그것이 법치주의(法治主義)이다. 변호사로서 냉혈한 자로 보일지, 무능력하게 보일지, 비겁하게 보일지, 그 무엇도 싫었지만 어쨌든 그들은 내게 실망하겠지. 하지만 나는 말할 수밖에 없었다.

"정당방위가 인정되려면 그 방위행위에 '상당한 이유'가 있어야 하거든요."

형법 제21조(정당방위)

① 현재의 부당한 침해로부터 자기 또는 타인의 법익(法益)을 방위하기 위하여 한 행위는 상당한 이유가 있는 경우에는 벌하지 아니한다.

"상당한 이유요?"

남자가 어이없다는 듯 코웃음을 쳤다. 불타는 감성의 그를 냉철한 이성으로 이해시킬 필요가 있었다.

"방위행위가 사회윤리적으로 상당한 정도를 넘지 않고 당연하게 여겨져야 한다는 건데……."

순간 말끝이 흐려졌다. 문득 예상되는 그의 질문에 대답할 자신이 없었다. 바로 그가 되받아쳤다. 예상 질문이었다.

"사회윤리요? 그게 뭐죠? 상당한 정도? 아니 어느 정도가 상당한 정도예요? 또 어떤 게 당연하고 또 어떤 게 당연하지 않은 건데요? 그래서 그 짐승을 죽인 게 사회윤리적으로 상당한 정도를 넘는다는 건가요?"

내가 왜 이들에게 유죄의 인정을 가르치는가. 나는 판사도 검사도 아니다. 변호사다. 변호사로서 그보다 먼저 그들의 억울함을 조금이라도 보듬은 적이 있던가. 스스로 거리가 멀다고만 생각했던 법조인의 교만과 독선. 그것은 나의 착각이었다. 나는 독선적이고 교만했다. 형사들이 사무실로 들이닥쳤다. 나는 자책하며 두 연인에게 애원했다. "제게 맡겨주세요." 남자와 여자의 손목에 수갑이 채워졌다. 미란다 원칙(Miranda Rule). 그들에게 불리한 진술을 하지 않을 권리와 변호인의 도움을 받을 권리가 고지됐다. 그들은 순순히 형사들을 따라나섰다.

나는 멍하니 그들이 사라진 사무실 문 쪽을 응시했다. 문은 활짝 열려 있었다. 거기서 남자는 나를 향해 고개를 끄덕였었다. 갑자기 아찔한 생각이 급습했다. 아, 내가 발송 버튼을 눌렀던가. 나는 다급하게 책상 앞으로 뛰어 노트북 마우스를 움직였다. 노트북 화면이 켜졌다. 아직 커서가 깜박이는 그대로였다.

"모든 면에서 역부족입니다. 널리 양해해주시면 고맙겠습니다."

안도의 숨을 내쉴 여유조차 없었다. 길게 백스페이스 버튼을 눌러 모두 삭제했다. 그리고 텅 빈 문서에 남녀의 얘기를 써 내려가기 시작했다. 앞으로 한동안 칼럼은 계속될 것이다.

　무료 변론을 자처한 몇 명의 변호사들과 함께 검찰과 치열한 공방을 벌였다.
　"저는 그 짐승을 죽인 게 아니라 제가 사랑하는 친구를 살린 겁니다."
　남자는 담담히 최후 변론을 했다. 그러나 대법원까지 정당방위 주장은 결국 받아들여지지 않았다.

　"정당방위가 성립하려면 침해행위에 의하여 침해되는 법적 이익의 종류, 정도, 침해의 방법, 침해행위의 완급과 방위행위에 의하여 침해될 법적 이익의 종류, 정도 등 일체의 구체적 사정들을 참작하여 방위행위가 사회적으로 상당한 것이어야 한다. 그런데 아버지의 강간행위에 의하여 정조를 유린당한 후 계속적으로 성관계를 강요받아 온 피고인이 공동피고인과 사전에 공모하여 범행을 준비하고 술에 취하여 잠들어 있는 피해자의 양팔을 눌러 꼼짝

못 하게 한 후 피해자를 깨워 피해자가 제대로 반항할 수 없는 상태에서 식칼로 심장을 찔러 살해한다는 것은 당시의 상황에 비추어도 사회통념상 상당성을 인정하기가 어렵다."

모두 유죄. 최초에 걱정했던 이유대로였다. 여성단체들이 들고 일어났다. 다만 형량은 보통보다 낮았다. 남자는 징역 5년, 여자는 징역 3년에 집행유예 5년이 선고되었다. 여자는 자신의 어머니보다 남자의 부모를 먼저 찾아가 울었다.

"밤이라는 시간이 이렇게 아름다운지 처음 알았어요."

○○○ 양 사건. 사람들은 이 사건을 여자의 이름으로 기억하고 또 불렀다. 가해자의 이름에는 관심이 없었다. 가해자의 이름은 '김영오'였다. 이 '김영오 사건'은 약 2년 후 성폭력 범죄를 가중처벌하고 그 피해자를 보호하기 위한 특별법이 제정되는 데 지대한 영향을 끼쳤다.

자살 꼭두각시

⚖️

어떤 사건의 결과는 마치 유령처럼 따라다니며 나를 괴롭혔다. 특히 이번 '김영오 사건'이 그랬다. 놓친 건 없나? 착각한 건? 다른 변호사라면 그때 어떻게 했을까? 나 때문에, 내가 부족해서 패소한 게 아닐까? "법조인이란 다른 사람의 생명, 신체, 재산을 지키는 사람이다." 사법연수원 입소일에 지도교수님이 꺼낸 첫마디였다. 마냥 뜬구름 같기만 했던 그 사명감은 지금 분명히 돌덩이 같은 부담감이 되어 있었다.

나는 '재심' 연구에 몰두하기 시작했다. 어쩌면 김영오 사건을 재심에 올려 그들을 무죄로 바꿀 수 있을지 몰라. 연수원 동기들은 모두 고개를 가로저었다. 안 되지. 법조문을 봐.

'재심이유'에 해당하지 않잖아. 더 볼 것도 없어. 나는 이미 알고 있었다. 그럼에도 방법을 찾고 싶었다. 명색이 변호사라면 그저 현상과 제도에 순응하는 것이 아니라 항상 더 나은 세상을 위하여 투쟁하고 돌파구를 찾아야 한다고 생각했다. 형사소송법 교과서와 대법원 판례집, 관련 논문들, 그리고 각종 뉴스 기사들. 책상 가득 책과 서류들에 둘러싸여 뜬눈으로 새벽을 맞기 일쑤였다. 하지만 결국 그들의 말이 맞았다.

형사소송법 제420조(재심이유)

재심은 다음 각 호의 어느 하나에 해당하는 이유가 있는 경우에 유죄의 확정판결에 대하여 그 선고를 받은 자의 이익을 위하여 청구할 수 있다.

1. 원판결의 증거가 된 서류 또는 증거물이 확정판결에 의하여 위조되거나 변조된 것임이 증명된 때

2. 원판결의 증거가 된 증언, 감정, 통역 또는 번역이 확정판결에 의하여 허위임이 증명된 때

3. 무고(誣告)로 인하여 유죄를 선고받은 경우에 그 무고의 죄가 확정판결에 의하여 증명된 때

4. 원판결의 증거가 된 재판이 확정재판에 의하여 변경된 때

5. 유죄를 선고받은 자에 대하여 무죄 또는 면소를, 형의 선고를 받은 자에 대하여 형의 면제 또는 원판결이 인정한 죄보다 가벼운 죄를 인정할 명백한 증거가 새로 발견된 때

6. 저작권, 특허권, 실용신안권, 디자인권 또는 상표권을 침해한 죄로 유죄의 선고를 받은 사건에 관하여 그 권리에 대한 무효의 심결 또는 무효의 판결이 확정된 때

7. 원판결, 전심판결 또는 그 판결의 기초가 된 조사에 관여한 법관, 공소의 제기 또는 그 공소의 기초가 된 수사에 관여한 검사나 사법경찰관이 그 직무에 관한 죄를 지은 것이 확정판결에 의하여 증명된 때. 다만, 원판결의 선고 전에 법관, 검사 또는 사법경찰관에 대하여 공소가 제기되었을 경우에는 원판결의 법원이 그 사유를 알지 못한 때로 한정한다.

김영오 사건에 대해 재심을 청구할 수 있는 이유는 '법조문'엔 없었다. 재심이란 '법적 안정성'을 위태롭게 하지 않는 범위 안에서 실질적 정의를 실현하는 제도라고 했던가. 희망찬 투쟁으로 시작한 매일 저녁은 언제나 굴욕적인 순응의 새벽으로 점철되었다. 마치 뫼비우스의 띠와 같이. 나는 한 달 가까이 그렇게 반복되는 뫼비우스의 띠 속에 갇혀 있었다. 마지막 새벽이리라. 이제 백기를 들어야 했다. 결국 유

죄일 수밖에 없는가. 여명의 햇살은 여전히 건조했다. 사무실 창문으로 찬란하게 쏟아지는 빛에 눈이 부셨다. 패륜을 패륜으로 갚은 '유죄'. 나는 패배자처럼 눈을 감았다. 긴장이 풀리니 잠이 쏟아졌다. 좀 쉬어야겠어. 의식이 몽롱해지려는 데―패륜이라. 그때 그 사건은 또 어떻게 됐더라―불현듯 세간의 관심에서 멀어진 그즈음의 또 다른 패륜 사건이 떠올랐다.

남자는 나와 동년배였다. 그는 반갑다는 듯 나의 손을 부드럽게 잡고 꽤 예의를 갖추어 부탁했다.

"변호사님이 저를 보러 오실 땐 저 입구에서 믹스커피 한 잔만 타다 주세요. 제가 얘기를 하다 보면 자꾸 목이 말라서 말이죠."

하지만 왜인지 그저 나를 어린아이 부리듯 심부름을 시키는 느낌이었다. 나는 거절하지 못했다. 아니 거절할 명분이 없었다. 인도적 차원에서. 그를 처음 만난 곳은 구치소 면회실이었다. 나는 다시 면회실 입구로 나가 믹스커피 한 잔을 탔다. 그리고 그것을 조심조심 들고 그에게 돌아왔다. 그의 죄명은 살인죄였다.

형법 제250조(살인, 존속살해)

① 사람을 살해한 자는 사형, 무기 또는 5년 이상의 징역에 처한다.

그는 이미 자리에 앉아 있었다. 나는 마주 앉으며 커피를 건넸다. 그는 몇 번이고 끈적하게 커피를 들이켜곤 쩝쩝 입맛을 다셨다. 커피가 반쯤 남아서야—그제야 욕구를 채웠다는 듯—종이컵을 테이블 위에 올려놓더니 짧게 숨을 몰아쉬었다. 그러곤 나를 보며 다시 쩝쩝 입맛을 다셨다. 입을 열기 위한 것이었다.

"제가 애들을 직접적으로 죽인 게 아니잖아요. 제가 애들을 밀어서 빠뜨린 것도 아니고. 그걸 '살인'이라고 할 순 없죠."

사건은 이랬다. 그는 부인과 사별한 뒤 극심한 생활고를 겪고 있었다. 더 이상 아이들을 키울 자신도, 스스로 살 자신도 없었다. 그는 자신의 삶을 절망 그 자체라 여겼다. 그래, 더 이상 사는 게 의미가 없다는 게, 더 이상 삶의 희망이 남아 있지 않다는 게 어떤 건지 그 누구도 쉽게 얘기할 순 없겠지. 하지만 7세, 3세였다. "맛난 거 먹으러 가자." 아이들은 아무것도 모른 채 아빠인 그의 손에 이끌렸다. 그리고— "하늘나라로 엄마 보러 가자"—그는 아이들을 바닷속으로 따라 들어오게 했다. 바다는 그림책에서 보았던 파란색이 아니었다. 시커먼 색이었다. 아이들은 두려운 목소리로 아빠를 부르며 그를 따라 들어갔다. 그들은 얼음장 같은 물속에서 종이인형처럼 나부꼈다. 중력은 사정없이 그들을 쥐고 흔들었다. 아비란 자에게는 다시 죽음에 대한 두려움이 덮쳤다. 삶에 대한 두려움으로 바닷속으로 걸어 들어갔던 그였다. 그는 본능적으로 뒷걸음질 치기 시작했다. 아이러니하게도 -살기 위해-죽을힘을 다해서. 흐물거리던 종이인형들이 이미 속절없이 녹아 흩어진 때였다. 그는 결국 혼자 살아남았다.

나는 담담해지려 애썼다.

"그렇죠, 선생님이 아이들을 밀어서 빠뜨린 건 아니죠."

그가 옳다구나 하는 표정으로 눈을 희번덕였다.

"그렇죠? 살인죄 아니죠? '자살교사죄'죠?"

형법 제252조(촉탁, 승낙에 의한 살인 등)

① 사람의 촉탁이나 승낙을 받아 그를 살해한 자는 1년 이상 10년 이하의 징역에 처한다.

② 사람을 교사하거나 방조하여 자살하게 한 자도 제1항의 형에

처한다.

법정형이─사형, 무기, 5년 이상의 징역형인─무거운 '살
인죄'보다─1년 이상 10년 이하의 징역형으로─상대적으로
법정형이 가벼운 '자살교사죄'가 낫다는 것이었다. '산 사람
은 살아야지. 산 사람은 살아야지.' 그는 쩝쩝 중얼거리며 고
개를 끄덕였다. 갑자기 단전에서 뜨거운 것이 부글거렸다.
그 아이들은 어쩌고 말이냐. 어리석은, 아니 당신은 나쁜 사
람이다. 정말 나쁜 사람. 그리고 법이란 당신이 생각하는 것
처럼 그렇게 만만한 것이 아냐. 나는 즉시 그 중얼거림을 멈
추어야 했다. 그리고 그 '산 사람'이 이제 어떻게 살아야 하
는지 알려주고 싶었다.

"자살교사죄가 되려면, 아이들이 자살의 의미를 이해할 수
있어야 해요."

그가 종이컵을 비우더니─아직 분위기 파악을 못한 듯─
다시 쩝쩝거렸다.

"자살의…… 의미?"

나는 재빨리 이면지 한 장과 볼펜 한 자루를 가방에서 꺼
냈다. 그리고─이것 좀 보라며─그에게 이면지를 밀어놓으
며 볼펜 노크를 눌렀다.

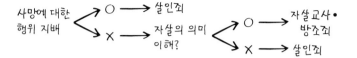

"자, 사람의 목을 졸라 죽였다. 아니면 사람을 밀어서 바다에 빠뜨려 익사시켰다. 이렇게 그 사람의 사망에 대한 행위 자체를 '지배'했다면, 당연히 '살인죄'가 되겠죠. 하지만 그 행위를 지배하지 않았다면요? 선생님 사건에서처럼 선생님이 아이들을 물속으로 따라 들어오게 해서 아이들 스스로 물속으로 들어가다가 익사한 경우라면요? 네, 자살이죠. 아니 정확히 자살의 '형식'이죠. 그럼 선생님은 '자살교사죄'가 될까요? 죽은 사람이 자살의 의미를 이해하고 있었는지 아니면 이해하지 못했는지, 나누어 봐야 합니다.

만약 죽은 사람이 자살의 의미를 이해하고 있었다면. 그렇다면 죽은 사람은 자살에 대해 가치판단능력이 있었다는 거죠. 그럼 그 죽은 사람은 '자유로운 의사결정'으로 '자살'한 것이니, 그 자살을 교사한 사람은 자살교사죄, 방조한 사람은 자살방조죄가 될 겁니다. 하지만 반대로, 죽은 사람이 자살의 의미를 이해하지 못하는 사람이었다면요? 자살이란 게 뭔지 가치판단을 할 수 없는 사람이었다면요? 자살인 줄도 모르고 자살할 수는 없지요. 그건 그 죽은 사람의 생각을 '조종'해서 자살하게 하는 방법으로 살해한 겁니다. 자살교사죄가 아니라 '살인죄'죠."

"그러니까…… 살인죄라는 건가요?"

그가 혼란스러운 표정으로 입을 열었다. 더 이상 쩔쩔거리지도 중얼거리지도 않았다. 다만 하염없이 빈 종이컵만 만지작거렸다. 그것조차 거슬렸다.

"사람을 도구로 삼아 범죄를 저지른 자. '간접정범'이라고 하죠."

형법 제34조(간접정범)
① 어느 행위로 인하여 처벌되지 아니하는 자 또는 과실범으로 처벌되는 자를 교사 또는 방조하여 범죄행위의 결과를 발생하게 한 자는 교사 또는 방조의 예에 의하여 처벌한다.

"도구요?"

무슨 말이냐며, 그가 다급하게 물었다.

"선생님은 자살로 처벌되지 않는, 그 의미조차 모르는 아이들에게 자살을 교사했어요. 아이 스스로 자신을 살해하는지도 모르게 자신을 살해하도록, 아이를 도구로 이용해서 아이를 살해한 거죠. 마치 당신이 조종하는 '자살하는 꼭두 각시'처럼."

순간 그의 미간에 잔뜩 힘이 들어갔다. 그것은―그래서, 그 냥 간단히, 살인죄라는 거야?라며―나를 다그치는 것이었다.

"아이들을 밀어서 빠뜨려 죽이는 것도 살인죄, 아이들을 도구로 삼아 아이들 스스로 목숨을 끊게 하는 방법으로 죽 이는 것도 살인죄. 다만 앞의 것은 살인죄의 '직접정범', 뒤 의 것은 살인죄의 '간접정범'."

그는 더 이상 종이컵도 만지지 못했다. 살인죄라니. 그는 얼어 있었다. 나는 물었다. 진심으로 궁금했다. 그는 어떤 생 각일까. 대체 어떤 생각일까.

"자살이요. 아이들이 그 무시무시한 의미를 알았을까요? '자살' 말입니다. 그 '아이들'이 말이에요."

무엇이 떠올랐을까. 행복했던 시절 아이들의 천진한 미 소? 아니면 파도 속에서 아빠 아빠하고 당신을 부르던 모 습? 그가 가장했던 초연함이 무너지기 시작했다. 삽시간에 폐허가 되는 그의 얼굴에 눈물이 터져 흘렀다. 그는 엉엉 소 리 내어 울기 시작했다. 세상 소중한 것을 잃어버린 어린아 이처럼. 마치 7세, 3세 그의 아이들처럼. 나는 그런 그에게 대체 어떻게 그럴 수 있냐며 따졌다.

"일곱 살, 세 살이었습니다. 일곱 살, 세 살 말입니다. 아이들이 자살한 겁니까?"

그는 끝내 대답하지 않았다. 주체할 수 없는 울음 때문이었는지, 아니면 산 사람은 살아야겠다는 그런 생각 때문이었는지, 끝내 알 수 없었다.

서초동의 점심시간. 어느 식당이든 항상 사람들로 바글댔다. 변호사 사무실 직원들은 물론, 법원이나 검찰 직원들, 그리고 법원, 검찰, 변호사 사무실을 수만 가지 이유로 찾은 수만의 사람들까지. 나는 해장을 해야 했다. 단골 해장국집 역시 만원이었다. 몇몇 사람이 해장국집 앞에서 대기표를 들고 기다리고 있었다. 사장님이 혼자 온 나를 알아보더니 그들에게 양해를 구하고는 구석 자리를 내어줬다. 합석이었다. 나처럼 혼자 온 손님이 같은 테이블 맞은편에서 해장국을 먹고 있었다.

'큭.' 한 술 해장국을 뜨다 사레가 들렸다.

"일단 수임을 했어야죠, 수임을! 우리처럼 박리다매로 먹고사는 사무실은."

나는 갓 딴 소주를 부어 겨우 매운 목을 진정시키곤 흘긋 소리 나는 쪽을 바라보았다. 어쩐지 익숙했던 목소리. 무려

네 명의 어쏘(Associate)―지분 없이 월급만 받는―변호사를 거느린 위층의 대표변호사였다. 네 명의 어쏘를 두려면―그들에게 꼬박꼬박 월급을 챙겨주려면―대체 한 달에 얼마를 벌어야 하는 거야. 그는 늘 동경의 대상이었다. 그들은 해장국 한 그릇씩을 앞에 두고 있었다. 그리고 어쏘 변호사들은 그와 눈을 마주치지 못하고 있었다.

'박리다매'라. 그래서 그 남자에게 자살교사죄가 된다고 했을까? 내가 사임계를 제출한 지 얼마 지나지 않아서였다. 다시 접수된 선임계에는 그 대표변호사의 이름이 있었다는 얘기가 한동안 서초동을 돌았다.

그로부터 몇 달이 지났을까. 나는 법정 뒤편에 앉아 사건 기록을 살펴보고 있었다. 그 남자와 만났던 기억도, 위층 변호사가 그 사건을 수임했다는 소문도 희미해질 때쯤이었다. 재판장은 사건 진행에 앞서 다른 사건들의 판결을 선고하고 있었다. 나는 반사적으로 고개를 들었다. 아는 이름이 불렸다. 피고인의 이름, 그 남자의 이름이었다. 곧 피고인 대기실 문이 열리더니 그가 법정 경위를 따라 맥없이 피고인석으로 이끌리고 있었다. 그는 확연히 수척해져 있었다. 위층 어쏘 변호사 한 명이 그의 옆에 나란히 섰다. 그는 고개를 들지 않았다. 어떤 결과든 모두 담담히 받아들이겠다는 듯. 어쩌면 그는 이미 결과를 알고 있었다. 재판장이 판결문을 읽기 시작했다.

"피고인이 7세, 3세 남짓 된 어린 자식들에 대하여 함께 죽자고 권유하여 물속에 따라 들어오게 하여 결국 익사하게 하였다면, 비록 피해자들을 물속에 직접 밀어서 빠뜨리지 않았다고 하더라도 자살의 의미를 이해할 능력이 없고 피고인의 말이라면 무엇이나 복종하는 어린 자식들을 권유하여 익사하게 한 이상 살인죄의 범의는 있었음이 분명하다. 피고인은 살인죄의 유죄."

그는 다시 법정 경위에 이끌려 힘없이 법정을 빠져나갔다. 혼자 남겨진 위층 어쏘가 어쩔 줄 몰라 하더니 급하게 가방을 챙겨 법정을 빠져나갔다. "피고인을 징역 5년에 처한다." 나는 더 내 기록에 집중하지 못했다. 화장실로 걸음을 재촉해 찬물로 세수를 했다.

몇 달 전 구치소 면회실에서 그가 건넨 아이들의 얼굴이 떠올랐다. 왜인지 그 얼굴만은 또렷하게 남아 있었다. 증명사진이었다. 그는 붉게 충혈된 눈으로, 일곱 살도 세 살도 채

되기 전에 찍은 것이라 했다. 그들은 카메라를 보고 환하게 웃고 있었다. 천사가 있다면 바로 그들이 아닐까. 어디선가 예쁘게만 자라고 있을 것 같은데. 그들이 세상에 없다는 사실이 믿기지 않았다. 그들은 믿었던 아빠에게 살해당했다. 믿고 싶지 않았지만 그게 눈앞에 벌어진 현실이었다. 그리고 그는 5년만 살고 나오면 되었다. 나는 세면대 거울로 고개를 들었다. 다시 법정으로 들어가 어서 재판 준비를 해야 했다. 수돗물인지 눈물인지 모를 물이 얼굴을 적시고 있었다.

어떤 이유

⚖

　일요일 오후였다. 사무실 안으로 따뜻한 햇살이 쏟아져 들어오고 있었다. 나른했다. 그리고 나름대로 한가했다. 써야 할 사건 서면은−최근 수임 사건이 없는 관계로−없었다. 다만 강의자료를 준비해야 했다. 아는 부장검사님의 부탁이었다. 아니 그는 얼마 전 옷을 벗고 서초동에서 단독으로 변호사 개업을 했다. 그는 내가 사법연수생 시절 검찰 시보를 할 때 나의 지도검사였다. 그는 개업하자마자 대형 인터넷 포털에 범죄로 인해 피해 입은 사람들을 위한 카페 모임을 개설했다. 나는 왜 그런 생각을 못했을까. 그 카페는 분기마다 한 번씩 오프라인 모임을 하고 있었는데, 이번 모임 때 어떤 주제라도 좋으니 한 시간 정도 발표를 해달라며 내게 부탁한 것이다. 사실 나 역시 그 모임에 꼬박꼬박 출석하고 있었다. 범죄 피해자에게 법적인 조력을 준다는 명분도 있었지만 숨은 주된 목적은 사건 수임이었다. 사무실 월세를 내고 직원 월급을 주려면 그런 모임에라도 나가 사건을 수임해야 했다. 정확히 말하면 사건을 수임할 수 있는 기회라도 만들어야 했다.

"그래, 뉴스 봤데이. 고생 많제?"

아버지의 전화였다. 주중에는 바쁜데 방해한다면서, 일부러 주말을 기다려서 하는 전화였다.

"에이, 고생은 무슨 고생이요. 이제 자다가 일어났는데."

나는 어울리지도 않는 넉살 떠는 척을 했다.

"안 그래도 뉴스 봤데이. 뭐 그런 놈이 다 있드노?"

"뉴스요?"

"그 딸 애비라는 놈 말이다. 지 딸 뭐했다고⋯⋯."

아, 김영오 사건을 말하는 것이었다. 아버지는 나의 패소를 위로하고 싶어 하는 듯했다.

"아니 뭐⋯⋯ 재판이 이길 때도 있고 질 때도 있는 거죠, 뭐."

나는 다시 어색하게 웃었다. "그래그래." 기죽지 말라는 듯 그는 힘주어 호응해주었다. 그의 목소리를 듣고 있자니 '재판이란 이길 수도, 질 수도 있는 것' 정말 그런 것만 같았다. 나는 최선을 다했다.

  딱 만으로 스물일곱이 되던 해였다. 난 이제 무얼 하고 먹고살아야 하나. 이제라도 어느 곳이든 입사지원서를 넣어보겠다고 아버지에게 말할 참이었다. 사법시험 2차 결과가 발표된 날이었다. 나의 이름은 합격자 명단에 없었다. 군대를 전역하고 2년 반 동안 휴대전화도 없이 신림동 고시촌에 파묻혀 모든 걸 다 바쳤던 시험이었다. 하늘이 무너지는 기분이란 바로 그런 기분이란 걸 그때 비로소 알았다.

  아버지는 그때 거실에서 TV를 보고 있었다. 지난 2년 반 동안 그와 나 사이에는 대화가 없었다. 신림동 고시촌에 있는 동안 나는 휴대전화가 없었고 나는−어머니가 아닌−그에게는 전화를 걸지 않았다. 두 번 전화할 것 없이 그저 어머니를 통해 안부를 전하면 그만이라 생각했다. 그는 TV 화면에서 눈을 떼지 않은 채 담담히 입을 열었다. 나와 그 사이 2년 반 만의 일이었다.

  "니가 더 훌륭한 사람이 될라꼬 하늘이 시련을 주는가 보네."

  처음에는 그게 무슨 의미인지 알지 못했다. 그가 덧붙였다.

"여기서 포기하면 아깝지. 니처럼 똑똑한 애가."

생각해보면 그는 칭찬에 인색했었다. 그에게 칭찬을 들어본 적이 있었나 싶을 정도였다. 왈칵 눈물이 쏟아졌다. 그가 나를 그렇게 생각하고 있었는지 나는 그동안 알지 못했다. 문 뒤에선 어머니의 눈물 훔치는 소리가 들렸다. 자책감에 가슴이 찢어지는 것 같았다. 나는 내가 사랑하는 사람들을 힘들게 하고 있었다. 대체 내가 무엇이길래. 눈물은—그야말로 고장 난 수도꼭지처럼—전혀 통제되지 않았다. 눈물을 닦고 또 닦았다. 그렇게 한참을 정신없이 쏟아냈다. 그러니 오히려 가슴이 후련했다. 가슴을 짓누르던 돌덩이 같은 게 봄눈 녹듯 녹았다. 나는 그 돌덩이 같은 게 사람의 가슴이라면 당연히 있어야 하는 건 줄로만 알았다. 아버지는 더 아무런 말도 하지 않았다. 나를 기다려주었다. 텅 비워진 가슴 한편이 따뜻해졌다. 마치 가슴 한구석에 작은 장작불이 지펴진 듯했다. 그때 나는 다짐하고 또 다짐했다. 다시는 나로 인해 사랑하는 사람들의 가슴을 아프게 하지 않으리. 다시는 나로 인해 사랑하는 사람들을 힘들게 하지 않으리. 어느새 가슴이 뜨거워지고 있었다. 뜨겁게 끓어오르고 있었다. 반드시 합격하리라. 나는 반드시 합격하리라.

"집엔 별일 없지요? 어머니도 잘 계시고?"

나는 어색한 웃음을 무마하려 화제를 전환했다. 의례적인 물음이었다.

"별일은 무슨, 니만 괜찮으면 우린 별일 없제."

"네."

"그래그래……." 무언가 그는 뜸을 들였다.

"무슨 일 있으세요?"

"저기……."

"네." 귀를 기울이려는데 느닷없이 휴대전화가 진동했다. 모르는 번호였다. 하지만 받아야 했다. 그 누군가에겐 절박한 통화일 수 있었다.

"아버지, 제가 지금 전화가 와서요."

"아, 그래그래, 받그라 받그라. 다음에 얘기……."

신호가 끊길까 봐―아버지의 얘기를 다 듣지도 않은 채― 통화버튼을 눌렀다.

"류 변호사님?" 중년 남성의 목소리였다. 그리고 그는 정확히 아버지와 같은 사투리를 쓰고 있었다.

"후우." 긴 한숨의 전자적 파편들이 고막을 때리며 흩어졌다. 귀가 아파 휴대전화를 뺨에서 뗐다가 다시 붙였다.

"참 부끄럽네예."

그는 아버지의 고향 친구라고 했다. 당신 친구의 법률 상
담을 부탁하는 것이 혹여 날 성가시게 할까. 그래서 아버지
가 머뭇거리셨구나.

"아들놈 하나 있는 거. 지가 잘못 키워가⋯⋯."

그가 탄식했다. 그러나 나는 형식적으로도 그를 위로하지
못했다. 그의 이야기가 끝났을 때 나는 '어떤 이유'에 몰두해
있었기 때문이다. 대신 그에게 그 '어떤 이유'에 대해 물어야
했다.

"대체 어떤 이유로. 대체 어떤 이유로 아드님이 마음을 바
꾼 건가요?"

그가 들려준 이야기는 이러했다. 그의 아들이 친구와 함께
지인의 사무실에서 금품을 훔치기로 계획했다. 아들은 근
처 포장마차에서 망을 보고 친구가 몰래 그 사무실에 들어
가 물건을 가지고 나오기로 한 것. 하지만 친구가 사무실에
서 물건을 뒤지는 사이 아들은 갑자기 마음을 바꾸었다. 그
는 사무실 주인에게 도둑이 들었다고 알렸다. 그리고 주인
과 함께 사무실로 가서 친구를 체포했다.

"이유예?"

"네, 갑자기 어떤."

"글쎄예, 지 말론……."

"네네."

"지 말론 '양심의 가책' 카대예. 순간적으로 이라믄 안 된
다 븐쩍 정신이 들었다꼬."

양심(良心)의 가책(呵責)이라.

"아드님 신고가 아니었다면 들킬 만한 상황도 아니었는데
말이죠?"

"예, 글타 카대예. 죄가 될까예? 아니지예?"

그의 조바심이 나도 모르게 입술을 떼게 했다.

"되죠. 절도죄가 됩니다."

형법 제329조(절도)

**타인의 재물을 절취한 자는 6년 이하의 징역 또는 1천만원 이하
의 벌금에 처한다.**

"된다꼬예?"

설마. 예상치 못했다는 듯 그가 깜짝 놀라며 되물었다.

"네, 친구와 함께 훔치길 계획하고 서로의 역할을 나눴으
니까요."

"아니, 망만 봤는데도예?"

"너는 훔쳐 와, 나는 망을 볼게.' 아드님은 눈 역할을, 그 친구는 손 역할을 한 거라고 보는 거죠. 그 눈과 그 손은, 같은 몸에 붙어 있잖아요."

"같은 몸이예?"

"네, 같은 하나의." 그가 내 말을 자르며 다시 물었다.

"그래서. 두 놈을 한 몸으로 본다 이 말입니꺼?"

"네, 그래서 '일부실행 전부책임의 원칙'. 범죄는 일부만 실행했지만 그 책임은 전부 진다는. '공동정범'이라고 해요."

형법 제30조(공동정범)

2인 이상이 공동하여 죄를 범한 때에는 각자를 그 죄의 정범으로 처벌한다.

"아……." 그는 장탄식을 했다. 그러더니 뭔가 오해가 있다는 듯 다시 따져 물었다.

"아니, 저희 애가 중간에 맘을 바까서 주인한테 알려가 친구를 잡지 않았습꺼?"

"네, 그래서 결국 훔치지 못했죠."

"예예, 그라죠 그라죠."

"미수. 그래서 절도'미수'의 공동정범이란 거예요."

형법 제25조(미수범)

① 범죄의 실행에 착수하여 행위를 종료하지 못하였거나 결과가 발생하지 아니한 때에는 미수범으로 처벌한다.

② 미수범의 형은 기수범보다 감경할 수 있다.

"……."

그는 더 말을 잇지 못했다. 그제야 나는 그를 위로할 여유가 생겼다. 아니 본래 끝까지 잘 설명해주어야 할 의무가 있었다. 나는 다시 입을 열었다.

"다만 '양심의 가책' 말예요."

"예?"

"아드님이요. 처벌은 피할 수 있을지도 모르겠어요."

"처벌은 피한다고예?" 그의 목소리가 높아졌다. 이 무슨 말인가 싶었는지─"네, 처벌은 피할 수"─다시 내 말을 자르며 물었다.

"아까 그 미수…… 그 미수 공범 뭐시기라 안 했슴꺼?"

"네, 그 미수 중에서도 '중지미수'라면 말이죠."

형법 제26조(중지범)

범인이 실행에 착수한 행위를 자의(自意)로 중지하거나 그 행위

**로 인한 결과의 발생을 자의로 방지한 경우에는 형을 감경하거
나 면제한다.**

"주, 중지…… 뭐라꼬예?"

그는 더듬거렸다.

"중지미수요. 범죄가 완성되는 걸 무엇도 방해하지 않는데
오로지 자유의 의지로써 범행을 중단하는 거예요. 그렇다면
반드시 형을 줄이거나 면제해야 한다는 거고."

"반드시예?"

그의 목소리는 다시 안정을 찾아가고 있었다.

"네, 반드시. 범행을 시작한 범인에게 '되돌아가는 황금의
다리'를 놓아주는 것이라고 할까요."

"아…… 그런 게 있습니꺼?"

"네. 다만 오로지 '자유의 의지'로써 범행을 중단하는 경우
여야 해요."

"후." 그는 다시 한숨을 쉬었다. 나는 다시 휴대전화를 뺨
에서 뗐다가 붙였다. 안도인지 한탄인지 불분명했다. 갑자
기 등골이 서늘해졌다. 그는 아까 "아드님 신고가 아니었다
면 들킬 만한 상황도 아니었는데 말이죠?"라는 나의 물음에
"예, 글타 카대예"라고 대답했었지. 그는 아들의 말만 들었었

다. 그리고 나는 그런 그의 말만 들었다. 항상 쌍방의 얘기를 모두 들어봐야 하는데. 경솔했다. 아들은 사실 — 오로지 자유의 의지가 아니라 — 다른 외부적 사정 때문에 범행을 중단할 수밖에 없었던 게 아닐까. 심지어는 그 역시 아들의 말을 의심하고 있을지 모를 일이었다. 무심결에 허를 찔린 듯 '글치 않은' 상황들이 이리저리 머릿속에서 피어났다. 동시에, 성급하게 오판을 하고 말았다는 수치심이 머릿속을 지배했다.

"변호사님."

그가 나를 불렀다.

"……네?"

나의 대답은 얼떨결이었다.

"그…….."

그는 망설였다. 나는 그런 그를 초조하게 기다렸다.

"그…… 비용은 을매나……."

쾅 하고 뒷통수를 맞았다. "사업 쫄딱 말아묵고 시골로 쫓기가 겨우겨우 쬐끄만 배농사 한다 아이가." 고향 친구와 소주 한잔했던 아버지의 비틀거리던 토로가 어렴풋이 떠올랐다. 고향 친구 그는 생존의 문제로도 항상 노심초사했다. 삶이란 무엇인지. 또 자식이란 무엇인지. 나는 아무렇지 않은 척 입을 열었다.

"네, 배즙 한 상자면 됩니다."

정말 아무렇지 않은 것이 아니었다. 다른 변호사들이 듣는다면 서초동 평균 수임료를 낮춘다면서, 사무실 직원이 알게 된다면 대체 자선사업을 하는 거냐며, 나를 비난할 게 뻔했다. 하지만 그의 사정을 뻔히 알면서 그에게 돈을 받을 순 없었다. 어쩔 수 없었다. 그게 나였다.

중지미수냐 아니냐, 검찰과 치열한 다툼이 있었다. 결국 3심 대법원까지 갔다. 대법원은 최종적으로 이렇게 판단했다.

"피고인은 공동피고인 김◇◇과 함께 정○○가 경영하는 □□상회 사무실의 금품을 절취하기로 공모하여, 피고인은 그 부근 포장마차에 있고 김◇◇은 □□상회의 열려진 출입문을 통하여 안으로 들어가 물건을 물색하고 있는 동안, (그 범행이 발각될 염려도 없는 상태에서) 피고인은 자신의 범행전력 등을 생각하여 가책을 느낀 나머지 스스로 결의를 바꾸어 정○○에게 김◇◇의 침입사실을 알려 그와 함께 김◇◇를 체포하여서 그 범행을 중지하여 결과발생을 방지하였다는 것이므로, 피고인은 중지미수의 요건을 갖추었다 할 것이니 형법 제26조를 적용하여 형을 면제하는 조치는 정당하다."

　절도미수 유죄. 하지만 중지미수가 인정되어 형벌이 면제되었다. "아이, 안 그러셔도 되는데요." 그는 연신 감사하다며—드릴 게 이것밖엔 없다며—배즙 두 상자를 보냈다. 한 상자는 사무실 직원에게 주고, 나머지 한 상자는 사무실 내 방으로 들였다. 맛이나 볼까. 커터칼로 상자의 가운데를 갈라 한 팩을 꺼내 입에 물었다. 어라, 이 맛은?

　"좀 더 쉬었다가 하지 그러냐?" 사법시험에서 떨어져 아버지 앞에서 눈물을 쏟은 다음 날 아침이었다. "바로 시작해야죠." 나는 단호히 말하며 독서실로 향했다. 독서실 영업시간인 아침 9시부터 새벽 2시까지도 모자랐다. 집에서 독서실로, 독서실에서 집으로 걸어가는 시간도 아까워 책을 들고 다녔다. 며칠간 나를 관찰하던 독서실 주인이 흔쾌히 출입문 열쇠를 건네주었다. 나는 아침 7시에 출근해서 새벽 3시에 퇴근했다. 약 8개월 동안 독서실의 문을 열고 닫은 것은—독서실의 주인이 아니라—하루도 빠짐없이 나였다. 그리고 그즈음 어느 날인가부터였다. 매일 아침 식탁 위에 배즙 한 팩과 빨대가 나란히 놓여 있었다.

그해 합격자 발표일은 예정된 날보다 당겨졌다. 나는 긴장감 속에서 컴퓨터 화면을 살폈다. 격자무늬 같은 합격자 명단을 도저히 찬찬히 살펴볼 용기가 없었다. 드륵 드륵. 마우스 스크롤을 위아래로 빠르게 왔다 갔다 하며—있는지 없는지조차 모를—숨은그림찾기를 했다. 성씨가 'ㄹ'로 시작하는 부분에서 익숙한 그림이 보이는 듯했다. 스크롤이 느려지고 있었다. 내 이름인가. 아니면 동명이인인가. 스크롤이 멈췄다. 수험번호가 맞아. 나인 것 같았다. 정말 나 맞지? 정말 나였다. "엄마! 엄마!" 나는 순식간에 자리를 박차고 일어나 안방으로 뛰어갔다. 무엇인가를 직감한 어머니가 와락 나를 껴안았다. "엄마, 나 붙었어." 둘은 서로 얼싸안은 채 한참을 엉엉 울었다. "아버지께 전화드려라." 어머니가 붉어진 눈으로 휴대전화를 내밀었다. 나는 훌쩍이며 그녀가 눌러주는 대로 그것을 받아 들었다. "아버지, 저 합격했어요." 잠시 동안 그는 말이 없었다. 그러더니 곧 호탕하게 웃었다. "야! 너 우냐? 오늘 니 덕에 소주 한잔하고 들어간다!" 그날 저녁, 그는 비틀거리며 두 손 가득 무언가를 안고 들어왔다. 배즙 한 상자였다. 매일 아침 식탁에 놓여 있던, 그가 술 취해 들고 들어온 그 배즙이 바로 이 배즙이었다니. 아니 어떻게 잊을 수가 있지? 나는 까맣게 잊고 있었다. 이제라도 이렇게라도 그에게 보답할 수 있었으니 정말 다행이었다. 참으로 감사한 일이다. 커터칼에 흉하게 벌어진 배즙 상자를 다시 여미어 닫았다. 곱창에 소주 한잔이 당겼다. 오늘은 이거 들고 아버지와 소주 한잔하러 가야겠다. 아주 오랜만의 부모님 댁 방문이었다.

그놈

"여보세요."

눈은 감은 채 입만 열었다. 아무런 소리도 들리지 않았다. 전화가 이미 끊긴 후였다. 누구지. 어둠 속에서 휴대전화를 치켜들었다. 휴대전화 불빛에 눈이 부셨다. 휴대전화를 비스듬히 기울여 힘겹게 화면을 곁눈질하니 부재중 전화가 여섯 통. 또 무슨 일이 생겼구나. 그 녀석이었다. 과속도 조심하고 평소에 연락도 하겠다던. 아버지와 소주 한 병을 나눠 마시고 곯아떨어진 지 4시간 만. 새벽 4시였다. 지금 전화해야겠지? 고민했지만 손가락은 이미 통화버튼을 누르고 있었다.

"자고 있어요."

녀석의 목소리가 아니었다. 모르는 남자의 목소리였다. 그는 걱정하지 말라며 나를 달랬다. 그리고 덧붙였다. "시간이 좀 그렇긴 한데요. 이쪽으로 좀 와주실 수 없을까요?" 지금이 시간에 말이다. 걱정할 일이 아닌 게 아니었다. 처음 그의 목소리를 들었을 때 엄습했던 불안감이 심장을 고동치게 했다.

나는 재빨리 추리닝을 벗어던지고 양복으로 갈아입었다. 그리고—자동차키—두 손으로 양복 상의를 더듬었다. 왼쪽 가슴팍에서 그것을 찾아 꺼내어, 방금 일어난 흐트러진 이불 위에 아무렇게나 던졌다. 음주운전인지 숙취운전인지, 취기가 있건 없건, 술을 단 한 잔이라도 했다면—의심스러울 때는 음주자에게 불리하게—"무조건 운전해선 안 돼". 휴대전화 진동소리에 이미 잠을 깬 어머니가 눈을 비비며 당부했다. "걱정하지 마세요." 나는 어머니에게 엄지를 들어 올려 보이며 집을 나섰다.

그로부터 십여 분을 기다려 겨우 택시를 잡을 수 있었다. "○○ 경찰서요." 나는 조수석에 앉아 창문을 내렸다. 새벽을 가르는 공기, 강변북로의 한산한 야경은 잠시나마 앞으로 마주할 거대한 걱정이 내 것이 아닐 것이란 착각이 들게 했다.

마중을 나온 건 전화 목소리의 주인이었다. 약간 벗어진 머리에 청바지, 품 넓은 잠바. 그는 수더분해 보였다. 노(老) 형사였다. 무슨 페인트칠을 했나. 그 베이지색 잠바의 오른 어깨 부분엔 검붉은 물감의 붓이 쓸린 듯했다. "어디에 있나요?" 그는 나를 유치장으로 안내했다. 마치 죽어 있는 듯. 녀석은 모로 누운 채 시체처럼 잠에 빠져 있었다.

"아이구, 이렇게 늦은 시간에 오시게 해서……." 민원인 휴게실 저쪽 구석에서 젊은 여자가 팔짱을 낀 채 꾸벅꾸벅 졸고 있었다. 형사는 자판기에서 비타민 음료 하나를 뽑아 내게 건넸다.

"0.26이요!?"

나는 그에게 비명에 가까운 소리를 내며 물었다. 젊은 여자가 움찔하며 흘긋 보더니 다시 꾸벅거렸다. 그는 자판기 앞 간이 테이블에 마주 앉으며 고개를 끄덕였다.

"스키드마크도 없었어요."

스키드마크가 없었다? 내리막길이었는데도? 나는 놀란 눈으로 그를 보았다. 그가 다시 고개를 끄덕였다.

"네, 브레이크를 밟지 않았단 거죠. 피해자를 칠 때까지도."

정신이 아득해졌다. 이 무슨 일인가. 0.26? 만취, 아니 만취 그 이상이었다. 도대체 술을 얼마나 먹어야 나올 수 있는 수치인가. 음주운전으로 사람이 죽었다. 그 자리에서 즉사했단다. 질끈 눈을 감으니 순간 몸이 휘청댔다. 나는 나도 모르게 몸을 젖혀 의자에 등을 기댔다. '고인의 명복을 빕니다.' 세상 곤히 잠든 그 대신 속죄하듯 그렇게 빌었다. 형사가 다시 입을 열었다. 그는 조곤조곤했다.

"만취 상태에서 차를 운전하다가 피해자를 친 거죠. 아마 직감적으로 사람을 쳤다고 느꼈을 거예요. 사람을 쳤다고 느끼곤 '본능적으로' 차에서 내려서 피해자…… 그니까 이제 '시체'죠. 그 시체를 수풀 속으로 숨겨놓은 거죠. 그런 다음 다시 차로 와서 계속 운전을 했고요."

"난 의심병 걸린 사람이에요." 사법연수생 시절 검찰 시보 때였다. 고참 수사관이 피의자를 조사하면서 버릇처럼 하던 얘기였다. 당신이 하는 말을 곧이곧대로 믿지 않으니 솔직하게 얘기하라는 것이었다. 그것은 마치 오랜 수사관 생활에서 얻은 직업병 같은 것이었다. '본능'이라니. 나 역시 그의 말에 저항하고 있었다. 의심하고 있었다. 형사는 지친 밤이었다는 듯 숨을 몰아쉬며 말을 이었다.

"하지만 너무 취했던 거죠. 얼마 못 갔어요. 얼마 못 가 어찌어찌 차를 세우곤 그냥 거기서 잠들어버린 거예요. 피해자 옮기면서 피가 묻었을 거 아녜요. 그렇게 피 묻은 그대로

말예요."

그는 오른 어깨를 으쓱해 보였다. 페인트 같은 게 아니었다. 혈흔. 마른 피의 흔적. 그때에야 비로소 모로 누워 웅크린 틈 속 녀석의 흰 티셔츠 앞에 그려진 같은 색깔 추상화의 정체를 깨달을 수 있었다. 나는 노형사가 세운 직감과 본능에 관한 가설을 부정하지 못했다. 반박할 수 없었다. Hit and Run. 뺑소니였다.

특정범죄 가중처벌 등에 관한 법률 제5조의3(도주차량 운전자의 가중처벌)

② 사고운전자가 피해자를 사고 장소로부터 옮겨 유기하고 도주한 경우에는 다음 각 호의 구분에 따라 가중처벌한다.

1. 피해자를 사망에 이르게 하고 도주하거나, 도주 후에 피해자가 사망한 경우에는 사형, 무기 또는 5년 이상의 징역에 처한다.

본능은 어떻게 인간의 행동을 조종하는가? 본능은 어디까지 인간 행동의 한계를 확장하는가? 문득 그 본능의 근원에 관하여 탐구해보고 싶어졌다. "잠깐 눈 좀 붙이세요." 성가신 휴대전화 벨소리가 기어이 형사를 일으켜 세웠다. 하지만 눈을 붙이면 너무 깊은 잠이 들지도 모른단 괜한 두려움이

앞섰다. 녀석은 이제 어떻게 해야 하나. 나는 그를 위해 무엇을 할 수 있을까. 칠흑 같던 휴게실 창문이 어느새 어스름한 빛으로 물들어 있었다. 젊은 여자는 그 자세 그대로 깊은 잠에 빠져 있었다. 휴게실 벽면에 걸린 붉은 LED 시계가 잔광과 함께 깜박이고 있었다. 5시 46분. 5시 47분. 5시 48분.

"7시간 만이었어요. 친구 분을 발견한 건." 번쩍 눈이 뜨였다. 형사가 등 뒤로 흘렸던 말을 나는 바보같이 그제야 주워 담았다. '0.26.' 사고를 내고 7시간이나 잤는데도 혈중알코올농도가 0.26이라면.

형법적 '책임'이란 적법하게 행동할 수 있음에도 불구하고 불법을 저지를 것으로 '결심'하고 행동하는 것에 대한 '비난가능성'을 말한다. 이미 0.26 이상의 인사불성(人事不省)이었던 그는—'내가 만약 음주운전으로 사람을 친다면 시체를 숨기고 도망가야지'라는— 뺑소니를 저지를 것으로 '결심'할 수 없었다. 심신미약(心身微弱), 아니—0.26 이상—그 정도라면 심신'상실'(心身喪失)이지. 그런 그를, 그런 그의 본능을 과연 형법적으로 '비난'할 수 있을까.

형법 제10조(심신장애인)

① 심신장애로 인하여 사물을 변별할 능력이 없거나 의사를 결정할 능력이 없는(심신상실) 자의 행위는 벌하지 아니한다.

② 심신장애로 인하여 전항의 능력이 미약한(심신미약) 자의 행위는 형을 감경할 수 있다.

형법 제10조 제1항. 법치주의. 인간의 존엄과 가치의 보장. 아니, 비난할 수 없다. 그는 형법적 책임이 없다. 그렇다면 '책임 없으면 형벌 없다'는 책임주의(責任主義) 원칙에 따라, '무죄'다. '무죄가 가능해. 최소, 심신미약 감경이라도 말야. 뭐, 음주운전은 어쩔 수 없다만.' 어느새 잠에서 깨어난 녀석이 하염없이 눈물을 흘리고 있었다. 무죄라는 안도감 때문인지, 사람을 죽였다는 죄책감 때문인지, 아니면 또 다른 어떤 감정 때문인지. 이상하리만치 그의 표정은 오묘했다. 들여다볼수록 읽을 수 없었다. 마치 내가 알던 그가 아닌 것만 같았다.

"변호사님"

번쩍 눈이 뜨였다. 6시 28분. 붉은 LED 시계가 여전히 같은 곳에서 깜박이고 있었다.

"……제가 잠이 들었던가요?"

형사가 의례적인 미소를 지어 보였다. 어딘가 편하지 않은 미소였다. 그는—아까 그 맞은편이 아니라—바로 내 옆 자리에 앉았다. 그러더니 자동차 블랙박스, 카드 사용 내역, CCTV 등을 분석한 대강의 결과가 나왔다며 내게 전하기 시작했다. 마치 대낮처럼 휴게실 창문으로 햇빛이 쏟아지고 있었다. 자고 있던 여자는 이미 어디론가 가고 없었다. 사건은 이러했다.

그는 사고 전날부터 자신의 승용차로 모텔, 식당, 바(bar) 등을 수시로 이동하면서 사고 당일 저녁때까지—그 사이 사이에 승용차를 대기시켜둔 채—술을 마셨다. 그렇게 전날 마신 술의 숙취 상태에서 아침에 소주 1병, 낮 12시에 맥주 3캔, 오후 2시에서 3시 사이에 소주 1병, 그리고 저녁에 다시 소주 1병을 마셨고, 그 상태에서 운전을 하다가 피해자를 충격했다.

"자기 승용차로 이동하면서 그 사이 사이에 승용차를 대기시켜두고는 계속 술을 마신 거예요."

"쯧쯧." 형사가 혀를 찼다. 나는 비로소 꿈에서 깨었다. '원인에 있어서 자유로운 행위.' 범죄를 실행할 때는 심신장애 상태에 빠져 심신이 자유롭지 않았지만, 범죄를 실행할 것으로 예견하고 심신장애 상태에 빠지게 한 원인행위, 즉 술을 마실 때는 심신이 자유로운 상태에 있었으니, 그 술을 마시고 실행한 범죄의 결과에 대하여는 책임을 져야 한다는. 그것도 '완전한' 책임을. 녀석은 처음부터 음주운전을 할 생각으로 술을 마셨다.

형법 제10조(심신장애인)

① 심신장애로 인하여 사물을 변별할 능력이 없거나 의사를 결정할 능력이 없는(심신상실) 자의 행위는 벌하지 아니한다.

② 심신장애로 인하여 전항의 능력이 미약한(심신미약) 자의 행위는 형을 감경할 수 있다.

③ 위험의 발생을 예견하고 자의로 심신장애를 야기한 자의 행위에는 전2항의 규정을 적용하지 아니한다.

다시 유치장을 찾았다. 그가 깨어났다고 했다. 그는 막 악몽에서 깨어난 듯 겁에 질려 있었다. 나는 그런 그에게 아무런 말도 해줄 수가 없었다. 그도 '본능적으로' 알았겠지. 그의 얼굴이 일그러지기 시작했다. 꿈에서 보았던 끔찍한 장면이 자신이 방금 경험했던 일이란 걸 깨닫기까지 그리 오랜 시간이 걸리지 않았다. 그는 강박적으로 손톱을 뜯어내고 또 비비며 털어냈다. 하지만 그럴수록 검붉은 가루들만 그의 주위에 흩어질 뿐이었다.

재판은 예상을 벗어나지 않았다.

"피고인, 마지막으로 할 말 있으면 하세요."

그는 대답 대신 길게 흐느꼈다. 문득 그에게 물어보고 싶었다. '후회하니?' 그는 대답 대신 혼잣말을 되뇌었다.

"그놈의 술…… 그놈의 술……."

재판장은 판결문을 읽기 시작했다. '이미 벌어진 일. 후회해도 소용없군요'라는 듯.

"음주운전의 경우 술에 취한 정도가 높을수록 사고발생의 위험이 증대된다는 것은 우리의 경험칙에 비추어 명백한 사실이고, 따라서 운전자를 처벌할 필요성도 커지게 되는 것임에도 만취한 결과 심신상실 내지 심신미약 상태에 이르러 운전하여 사고를 내면 처벌할 수 없거나 형을 감경하게 되는 반면, 그보다 덜 취한 사람의 운전행위 등이 오히려 더 무겁게 처벌되는 불합리한 결과로 되는 점 등을 감안하면, 음주로 말미암은 심신장애 상태에서 운전하여 교통사고를 내는 행위뿐 아니라 사회적으로 교통사고 후 적지 않게 행해지는 피해자 유기, 도주 등의 일련의 범법행위에 대하여도 그러한 행위들이 교통사고를 내는 과실행위와 한 개의 결합범으로 처벌되는 이상, 음주할 때에 이미 음주운전할 의사가 있었던 경우에는 그러한 위험의 발생을 예견하였거나 예견할 수 있었는데도 자의로 심신장애를 야기한 것으로 보아 형법 제10조 제3항에 따라 심신미약으로 인한 감경 등을 할 수 없는 것이라고 봄이 타당하다 할 것이다."

그는 더 이상 울지 않았다. "피고인을 징역 5년에 처한다." 마치 어느 순간부터 우는 법을 잊어버린 것처럼.

홀로 들어갔던 법정을 다시 홀로 나와 다른 사건 다른 법정으로 걸음을 재촉했다. 어떤 사건이었는지 무엇을 해야 하는지 도통 생각이 나질 않았다. 대신—"그놈의 술"—그의 말이 귓가에 맴돌았다. 내가 그 말에 대해 차마 입을 열지 않은 게 잘한 일이었는지는 확신이 서지 않았다. '아니야, 술이. 술이 문제가 아니야. 술을 마시고 그렇게 행동한 네가 문제야.' 하지만 나는 그렇게까지 냉정하진 못했다.

합법적 대체행위

숨이 찼다. 종아리가 딱딱하게 뭉치는 듯했다. 자연스레 걸음이 느려졌다. 마침 발걸음은 어느새 익숙한 법정 앞 복도로 들어서고 있었다. 목이 빠지게 기다렸다는 듯, 어디서 많이 본 듯한 남자가 날 보더니 벌떡 일어났다. 그가 앉아 있던 복도 철제의자가 앞으로 살짝 기우뚱하더니 쇠와 시멘트가 부딪치는 불쾌한 소리를 내며 다시 제자리를 잡았다. 그는 나를 향해 성큼성큼 걸어왔다. 내게 다가올수록 왜 이제야 왔냐는 짜증 섞인 얼굴이었다. 그의 머리는 항상 헝클어져 있었다. 셔츠와 바지도 매끈한 적이 없었다. 그제야 비로소 다음 사건이 어떤 사건이고 또 무엇을 해야 하는지 깨달을 수 있었다. 그는 대학병원의 구강악안면외과 과장이었다. 저 멀리 복도 끝에서 중년의 남녀가 그런 그의 모습을 가만히 보고 서 있었다. 어느새 눈앞에 선 그가 인사조로 고개를 짧게 까닥거렸다.

"이제 오셨어요?"

'왜 이제야 왔어요?'라고 들렸다. 나는 소변이 마려웠다. 몇 시간 동안 화장실을 가지 못했다. 나는 숨을 몰아쉬며 말했다. "저기, 잠깐 화장실 좀." 그가 더 입을 열기 전에 화장실로 방향을 틀었다. 그는 더 기다리지 못했다. 종종걸음으로 나를 쫓아 들어와 내가 선 소변기 옆에 섰다. 소변을 보는 것도 아니었다. 결국 그가 다시 입을 열었다.

"어차피 '알파 용혈성 연쇄상구균'에는 '세파졸린'이랑 '클레오신'이 맞았어요."

그렇게 말하곤 빤히 내 얼굴을 바라보았다. 그는 나의 즉각적인 호응을 기다리고 있었다. 나는 미처 볼일을 마치지 못했다. 어색하게―엉거주춤하며―고개를 끄덕일 수밖에 없었다. 문제가 된 그의 진료일지는 이랬다.

■ 7월 1일

여자 환자(만 18세 9개월) 입원.

지난 6월 27일 근처 개인병원에서 하악좌측치아 ― 즉 사랑니 ― 1개를 뺐는데 좌측 턱부위까지 붓고 발열 심함. 입원 당시 체온 39.2도. 입이 약 15mm밖에 열리지 않아 음식물 씹기 곤란하며, 화농으로 구취 심함.

항생제 '세파졸린' 투여.

◾ 7월 2일

루드비히 안기나(ludwig's angina), 즉 '봉와직염'으로 진단.

턱밑 절개하여 배농 시도. 그러나 농 나오지 않음.

◾ 7월 3일

두 번째 구강 외 절개수술 시도. 피 섞인 약간의 고름 배출.

그러나 음식물 섭취하지 못하고 전신적 상태 더욱 악화.

◾ 7월 4일

구강 내 절개수술 시행. 다량의 농 배출(농배양은 X).

'클레오신'으로 항생제 교체.

◾ 7월 5일

구강 내에서 계속 농 배출.

고열과 오한 지속. 전신적 상태 계속 악화.

■ 7월 6일

혈소판이 위험수위로 떨어짐. 내과에 진료의뢰.

내과의사, 항생제 교체를 조언.

■ 7월 7일

기침을 하고 호흡곤란 호소. 체온 39.6도.

'클레오신'에서 '세파만돌'로 항생제를 바꾸고, '아미카신' 투약.

농배양 시작.

■ 7월 8일

혈소판 수치 정상으로 회복. 그러나 여전히 감기 증상과 호흡곤란

호소. 다시 구강 내 절개수술을 통하여 피 섞인 농 배출.

체온 40도까지 오르고 호흡곤란 지속.

환자의 항균력 의심. 환자에게 과거 병력에 관해 물었으나, 초등학

교 때 맹장수술 받은 것 말고는 특별히 병 앓은 일 없다고 대답.

■ 7월 9일

호흡곤란 계속. 흉부외과에 의뢰하여 흉부 X선 촬영 → 폐삼출 가능

성 진단. 다시 과거 병력에 대해 물었으나 같은 답변.

■ 7월 10일

기침과 호흡곤란 지속. 전신적 상태 쇠약해져 수면곤란 증상까지.

안정제(바리움 10mg) 투여.

■ 7월 11일

호흡곤란 계속. 체온 39도 지속.

농배양 검사 결과 나옴. 원인균 '알파 용혈성 연쇄상구균'.

■ 7월 12일

호흡장애 증상. 호흡수 분당 70회 정도로 빨라짐. 체온 41도. 내과

병동 전과.

호흡곤란 증상 더욱 심해짐. 맥박 약해짐. 저산소혈증으로 인한 청

색증. 혼수상태.

■ 7월 14일

새벽 1시 20분경 심장마사지와 산소호흡기를 통한 응급조치.

화농성 폐렴, 경부조직의 농양 및 염증 등으로 인한 성인성 호흡장

애 증후군과 패혈증.

사망.

검찰은 그를 업무상과실치사죄로 기소했다.

형법 제268조(업무상과실·중과실 치사상)
업무상과실 또는 중대한 과실로 사람을 사망이나 상해에 이르게
한 자는 5년 이하의 금고 또는 2천만원 이하의 벌금에 처한다.

그리고 1, 2심 법원은 그에게 유죄를 선고했다. 선고 내용
은 이랬다.

"피해자는 입원 당시 루드비히 안기나로 의심할 수 있
는 증상들을 나타내고 있었다. 루드비히 안기나는 대개 이
를 뽑은 후의 세균감염에 의해 유발되어 급성으로 진행하
며, 패혈증으로 진행하는 경우 사망에 이를 가능성이 높은
질병이다. 그렇다면 의사인 피고인은 즉시 농배양을 하여
가급적 빨리 원인균을 규명하고 그 원인균에 대한 항생제
감수성 검사를 통하여 적절한 항생제를 선택하여 치료함
으로써 패혈증으로 발전하지 않도록 할 업무상 주의의무
가 있다. 그럼에도 만연히 봉와직염의 원인균에 일반적으
로 효과가 있다고 알려진 '세파졸린'과 '클레오신' 항생제
만을 교체 투약하다가 피해자의 증상이 더욱 악화되는 것

을 보고 뒤늦게 농배양을 하기에 이른 과실이 있다. 결국 피해자의 사망은 피고인의 위와 같은 업무상 과실에 의하여 발생한 결과라 할 것이다. 업무상과실치사죄의 유죄."

단 십 원이라도 자신이 유죄임을 인정할 수 없는데, 무려 벌금 200만 원이 선고되었단다. 그 즉시 그는 날 떠올렸다고 했다. 우연히 인터넷 뉴스에서 '삼거리 교차로' 사건을 본 적이 있다고 했다.

"과속이랑 교통사고는 서로 인과관계가 없다면서요?"

사전 약속 같은 건 없었다. 처음 상담실에 들어온 그가 등에 멘 가방을 벗으며 물었다.

"인과관계요?" "네." 마주 앉은 그가 건성으로 답하더니 끙끙거렸다. 가방을 열어 기록을 꺼내고 있었다. 그의 가방 안에는—애초에 어떻게 넣었을까 싶을 정도로—두꺼운 사건 기록이 있었다.

나는 고개를 갸웃거렸다. 틀린 말도, 그렇다고 완전히 맞는 말도 아니었다. '삼거리 교차로' 사건의 주된 쟁점은—'인과관계'보단—'신뢰의 원칙'이었기 때문이다. 다만 나는 놀랐다. 법을 전공하지 않은 의사가 판결의 부수적인 내용을 캐치해서 그것을 자기의 사건에 적용하는 모습이 마냥 대단하다고 생각했다.

"쿵, 쿵, 쿵." 테이블 위로 사건기록이 올려졌다. 쌓인 기록에 그의 얼굴과 나의 얼굴이 서로 반쪽씩 가려졌다. 그는 나의 갸웃거림을—제대로 보지 못한 탓인지 제대로 보았음에도 모른 척하는 것인지—끄덕임으로 받아들였다. 이제야 속 시원히 말할 수 있다는 듯 자신을 변호했던 변호사들을 '까기' 시작했다.

"그니까, 그 인과관계요. 아니, 그것도 모르면서 지들이 변호사라 할 수 있어요? 나도 알아요, 나도."

그가 혀를 차며 고개를 가로저었다.

"그래서 로스쿨 출신들은 안 된다는 거야. 로스쿨 출신들은."

나도 나중에 그 '지들' 중에 한 명이 되는 건 아닐까. '제대로 하지 않으면 안 돼.' 나에 대한 의도적인 협박인지 연수원 출신인 나에 대한 지지인지 판단이 서질 않았는데, 갑자기 그가 손가락에 침을 묻혀가며 빠르게 기록을 넘기기 시작했다. 그러더니 다짜고짜 이것 좀 보라며 손끝으로 기록의 한 부분을 툭툭 짜증스레 쳐댔다. 그러고는—마치 이 정도 용어는 당연히 아는 것 아니냐는 듯—의학적 용어를 섞어가며 중얼거리듯 이야기를 쏟아냈다. 통계학과 의학이 서로 어떠한 관계에 있는지, 통계학의 불완전성은 의학에 어떤 영향을 미치는지, 그리고 왜 의학이란 법으로 완전무결한 판단을 받을 수 없는지에 대하여. 그는 의과대학의 히스테리한 교수, 나는 마치 순종적인 학생 같았다. 그의 어조가 강해질 때면 그의 손끝은 더 강하게 기록을 두드리고 있었다. 그 불규칙한 두드림 속에서 나는 문득 그가 어떻게 왜 고소되었을지에 대하여 깨달을 수 있었다.

의료사고가 발생하는 모든 경우에 항상 고소가 이루어지는 것은 아니다. 진심 어린 사과는 형법의 개입을 자제시킬 수 있다. 사과란 반드시 법적 책임을 인정하는 것이 아니다. 그것은 인간이라면 지켜야 할 최소한의 도덕일 뿐. 그는 아마 어린 딸을 잃은 부모에게 형식적인 사과조차 하지 않았을 것이다. 대신 통계학과 의학의 관계, 통계학의 불완전성, 그리고 그 불완전성이 당신 딸의 사망에 미친 영향에 대하여 그들을 가르쳤겠지.

나는 겨우 그를 달래 그의 말을 멈추었다. 곧 다른 상담 약속이 있기도 했다. 하지만 그는 당장 사건을 수임해서 진행하길 원했다. 마치 오직 자신의 사건에만 집중해주길 바라는 듯했다. 나는 그에게 기록을 검토해보고 다시 연락을 주겠다고 했지만, 그는 쉬이 발걸음을 떼지 않았다. 나는 억지로 기록을 덮어 들고 일어섰다. 그리고 그를 등 떠밀 듯 돌려보내야 했다.

상담 중에도, 식사 중에도, 재판 중에도 수시로 휴대전화가 울렸다. 기록을 다 보았냐고, 아직 보지 않았다면 언제 볼 것이며 언제까지 연락을 줄 것인지, 오늘까지는 연락을 줄 것인지 하는 그의 연락이었다. 나의 마음은 그를 돌려보냈을 때부터 이미 그에게 쫓기고 있었다. 그날의 마지막 재판은 증인신문기일이었다. 검사는 마치 피고인 대하듯 내게 질문을 했고 판사는 그런 상황을 방치했다. 불쾌하고 곤혹스러웠다. 그저 집에 가서 쉬고 싶었다. 하지만 가방 안에서 다시 휴대전화가 진동했다. 누구인지 확인할 것도 없었다. 마지못해 사무실로 발걸음을 돌렸다. 책상 위에 두고 나온 그의 기록이 불 꺼진 사무실 안에서 불편한 손님처럼 나를 기다리고 있었다. 오늘 중으로 연락하겠다는 건조한 단문을 그의 휴대전화로 전송했다.

서초동의 밤은 고요했다. 언제 그렇게 북적대었던가 싶을 정도였다. 사람들은 항상 썰물처럼 몰려들었다가 밀물처럼 빠져나갔다. '삐빅' 하고 싸구려 손목시계가 울렸다. 10시였다. 그의 인내심은 이미 한계를 넘었으리라. 나는 기록의 마지막 장을 덮었다. 그리고 '탓'에 관하여 생각하기 시작했다.

형법 제17조(인과관계)

어떤 행위라도 죄의 요소되는 위험발생에 연결되지 아니한 때에
는 그 결과로 인하여 벌하지 아니한다.

그래, 그 인과관계. 그녀의 죽음을 과연 그의 '탓'으로 돌
릴 수 있을까. 예전에 이런 사건이 있었다. 이른바 '할로테인
마취' 사건이다.

환자 이모 씨는 3년 전 출산할 때 난소종양에 대해 진찰
받아볼 것을 권유받은 적이 있다. 그런데 한 달 전부터 아랫
배 부분에 불편감이 느껴지자 대학병원에 입원했다. 의료진
은 이모 씨에 대해 수술적합성 검사를 한 후 난소종양제거술
을 시행했다. 이 수술은 전신마취가 필요한 개복수술이었다.

전신마취에 의한 개복수술은 간기능에 이상이 없는 환자
의 경우에는 대부분 한 달 내에 정상으로 회복되지만, 간염
등 간기능에 이상이 있는 경우에는 90% 이상이 간기능이
나빠져 심한 경우에는 사망에 이르기도 한다. 또한 당시 병
원에서는 전신마취제로 '할로테인(halothane)'을 사용하였
는데, 이는 간 장애를 심각하게 악화시킬 수 있어 그 사용에

주의를 기울여야 한다. 따라서 개복수술을 하기 전에 환자의 간에 이상이 있는지 없는지 '혈청 검사'를 하는 것이 필수적이다. 그러나 의료진은 정확성이 떨어지는 소변 검사만을 믿고 할로테인으로 개복수술을 했다. 결국 이모 씨는 수술후 22일 만에 간 괴사에 의한 간성혼수로 사망하고 말았다.

대법원은 다음과 같이 판단하였다.

"혈청 검사를 하지 않은 의료진의 잘못과 이모 씨의 사망 사이에 인과관계가 있다고 하려면, 의료진이 이모 씨에 대해 혈청 검사를 했더라면 이모 씨가 사망하지 않았을 것임이 입증되어야 한다. 즉 이모 씨에 대해 혈청 검사를 하였더라면 이모 씨의 간 기능에 이상이 있었다는 검사 결과가 나왔으리라는 점이 증명되어야 할 것이다."

수술 전에 혈청 검사를 하여 이모 씨의 간 기능에 이상이 있었다는 결과가 나왔다면 할로테인을 사용하지 않았을 테니―반대로 간 기능에 이상이 없다는 결과가 나왔다면 여전히 할로테인을 사용했을 테니―그러한 점이 증명되지 않는 한 의료진의 잘못과 이모 씨의 사망 사이 인과관계가 있다고 인정할 수 없다는 것. 의료진에겐 무죄가 선고되었다.

'정당한 처벌'이 되기 위해서는 그 나쁜 결과를 행위자에게 '귀속'시킬 수 있어야 한다. 즉 그 결과를 행위자의 행위 '탓'으로 돌릴 수 있어야 한다. 그리고 그 '탓'인지 여부를 판단하기 위해서는 문제된 행위를 '합법적 행위'로 '대체'해보아야 한다. 혈청 검사를 시행하지 않은 의료진의 잘못을 '합법적 행위'인 혈청 검사를 시행한 경우로 '대체'했을 때 이모 씨가 사망하지 않았을 것이 확실하다면, 즉 증명된다면 이모 씨의 사망을 의료진의 '탓'으로 돌릴 수 있지만, 반대로 그 '합법적 대체행위'를 했더라도 이모 씨가 여전히 사망할 것이 거의 확실하거나 사망할 가능성이 남아 있다면 이모 씨의 사망을 의료진의 '탓'으로 돌릴 수 없다는 것이다. in dubio pro reo(인 두비오 프로 레오). '의심스러운 때에는 피고인의 이익으로'라는 뜻의 라틴어 법언이다. 형사법의 대원칙, 바로 '무죄추정의 원칙'이다.

그는 농배양을 하지 않은 채 항생제 '세파졸린'과 '클레오신'을 썼다. 뒤늦은 농배양을 통하여 밝혀진 원인균은 '알파 용혈성 연쇄상구균'이었다. '알파 용혈성 연쇄상구균'에는 '세파졸린'과 '클레오신'이 적절했다. 즉 그가—합법적 대체행위로서—미리 농배양을 했더라도 그는 어차피 '세파졸린'

이나 '클레오신'을 썼을 것이다. 결국 그녀의 죽음을 그가 농배양을 하지 않은 '탓'으로 돌릴 순 없는 것. 그의 잘못과 그녀의 죽음 사이에 인과관계를 인정하기 어려웠다. 그에겐 무죄가 선고될 것이었다. 다만 나는 그에게 연락하길 망설였다. 그의 사건을 수임하기가 망설여졌다.

그렇지, 무죄. 보라고. 내 말이 맞지 않냐고. 그녀의 부모는 자식을 잃어 정상적인 판단이 불가능한 반쯤 미친 사람들이고 그들은 오로지 자신을 괴롭힐 목적으로 고소한 것이라며 억울함을 호소할 그의 모습이 선했다. 자신은 그들과 같이 무지한 사람들이 싸워서 이길 수 있는 존재가 아니며, 그들은 끝까지 스스로 잘못을 깨닫지 못하는 불쌍한 존재라면서 연민하는 척 조롱할 것이 뻔했다. 나는 이런 그를 변호해야 하는가. 그의 무죄는 정의로운가. '법대로 한다'라는 말이 새삼 두렵게 다가왔다. 문자메시지의 알림 소리가 사무실의 정적을 깼다. 그일 것이다. 뭐라고 해야 할까. 나는 휴대전화를 들었다.

순간 눈을 의심했다. 그가 아니었다. 은행이었다. 거액이 입금되어 있었다. 그것은 서초동 평균 수임료의 열 배에 달하는 것이었다. 의사가 돈을 잘 벌긴 버나 보다. 그는 더 기다리지 못하고 사건의 수임료를 입금했다. 몇몇 연수원 동기들은 속칭 '방배동 뚜쟁이'가 맺어준 졸부의 딸과 결혼했다. 그리고 나는 그들을 속으로 비웃어왔다. 나는 돈에 굴복하지 않으리. 돈이란 나의 숭고한 삶과 직업정신을 짓밟지 못하리. 하지만 머릿속은 이미 이 돈이면 이번 달과 지난달 밀린 사무실 월세를 내고도 얼마가 남는지 진작 계산을 끝내고 있었다. 눈을 감았다. 나는 사무실 월세를 내야 했다. 직원 월급을 줘야 했다. 그러지 못한다면 변호사 생활 자체가 곤란해질 것이다. 법대로만 하자. 나는 그에게 전화를 걸어야 했다. 이미 자정에 가까운 시간. 하지만 아직 '오늘'이었다.

예상대로 대법원은 그에게 무죄를 선고했다.

"피고인이 농배양을 하지 않은 과실이 피해자의 사망에 기여한 인과관계 있는 과실이 된다고 하려면, 농배양을 하였더라면 피고인이 투약해온 항생제와 다른 어떤 항생제를 사용하게 되었을 것이라거나 어떤 다른 조치를 취할 수 있었을 것이고 따라서 피해자가 사망하지 않았을 것이라는 점을 심리·판단하여야 한다. 원심판결을 파기한다."
그는 더 이상 벌금 200만 원을 내지 않아도 되었다. 방청

석에서 조용히 눈물을 훔치던 그녀의 부모는 더 감정을 추스르지 못하고 오열하기 시작했다. 그들은 인생의 모든 것을 잃었고, 더 상처받았다. 그는 당연한 결과 아니냐며 한쪽 어깨를 으쓱하더니 내게 악수를 청했다. 처음 만났을 때 그 표정 그대로였다. 그러고 보니 그는 처음 만났을 때부터 거의 표정의 변화가 없었다. 나는 그의 손을 잡는 듯 마는 듯하다 도망치듯 법정을 빠져나왔다.

나는 과연 어떤 변호사가 될 것인가. 변호사란 그저 생계 수단으로서의 직업에 불과할까. 나는 그저 '법 기술자'일 뿐인가. 아니면 본래부터 법을 다룰 인성이 부족한 '변호사 실격'인 걸까. 나는 앞으로 어떤 사람이 될 것인가. 마음이 한 치 앞도 보이지 않는 안개 속을 헤매는 듯했다.

그리고 생각했다. 내가 만약 이 사건을 수임하지 않았다면 —그렇게 '합법적 대체행위'를 한다면— 어차피 다른 변호사가 이 사건을 수임했을 테고, 또 그렇다면 그는 여전히 무죄 판결을 선고받았을 테지. 그렇다면 나의 변호와 그의 무죄 사이엔 인과관계가 있는가 없는가. 그를 변호한 나는 유죄인가 무죄인가.

아기집을 돌려주세요

⚖️

    코로나19로 사람들을 만날 기회가 대폭 줄었다. 아니 아예 사라져버렸다. 연수원 동기들 모임은 2년째 연기 중이었다. 방역수칙 좀 어기면 어때. 어디 누구 사무실에서라도 모여보자. 어느 누구도 그런 제안을 하지 않았다. 범생이들. 다들 하지 말라는 것은 하지 않았다. 법조인은─나도 마찬가지─거의 샌님 같았다. 그것이 법을 다루는 직업적 특성 때문인 건지, 아니면 원래 그런 사람들이 법조인이 잘되는 것인지 알 수 없었다. 혼술, 그래서 집에서 혼자 술을 하는 날만 늘었다. 혼자 술을 마셔서 나쁜 점은 귀찮아서 제대로 안주를 챙기지 않는다거나 양을 조절하지 못해 대취한다거나 하는 것도 있었지만, 무엇보다 외로웠다. 어제도 어떻게 잠이 들었는지 전혀 기억하지 못한 채 술 냄새 풀풀 풍기며 출근 지하철에 몸을 실었다.

사무실 복도로 들어서니 택배 상자 하나가 사무실 문 앞을 가로막고 있었다. 배즙인가? 갈증 나는데 마침 잘됐다. 끙끙거리며 상자를 들었다. 배즙 치곤 꽤 무거운데. 사무실 문을 열고 들어가 테이블 위에 던지듯 올려두었다. 배즙이 아니었다. 상자에는 익숙한 병원의 이름이 인쇄되어 있었다. 얼마 전 무죄선고를 받은 그 외과의사의 병원이다. 설마 선물인가. 그렇다면 정말 의원데. 별로 반갑지는 않았다. 상자를 열려는데 휴대전화의 문자메시지 알림이 울리더니 곧 전화벨이 울렸다. 저장되지 않은 번호였다. "여보세요?" 상자의 열린 틈 사이로 빽빽이 들어찬 서류 뭉치가 보였다. 선물은 무슨. 사건기록이었다.

"류 변호사님?" 그녀는 자신을 산부인과 의사라고 소개했다. 같은 병원 외과 과장에게 얘기 들었다며—택배 상자 받으셨냐며—자기 사건도 좀 맡아달라고 했다. 전화를 끊고 문자메시지를 확인하니 그가 입금했던 돈과 같은 액수의 돈이 입금되어 있었다. '돈이면 다 되는 줄 아나.' 다짜고짜 사건기록을 보내지 않나 돈을 보내지 않나, 의사들은 다 이런가. 썩 유쾌하진 않았다. 하지만 어쩌면 그녀는 진정으로 억울한 곤경에 처했을지 모를 일이기도 했다. 기록을 검토하지 않을 이유는 없었다. 다만 그보다 먼저 약국에 가서 술 깨는 약을 사야 했다.

사건은 이러했다. 그녀는 대학병원 산부인과 전문의 수련 과정 2년차였다. 당시 38세 여자 환자의 복부에서 만져지는 혹을 제거하기 위해 개복수술을 하고자 했다. 그 환자는 10년간 임신 경험이 없었고 경유한 병원에서의 진단소견이 '자궁근종'으로 되어 있었다. 이에 그녀는─'자궁외임신'인지 판별하기 위한 검사는 실시하지 않은 채─환자를 자궁근종으로 진단하고 자궁적출술을 시행했다. 그러나 환자는 자궁근종이 아니었다. 현대의학상 자궁적출술이 반드시 필요한 상태가 아니었던 것. 결국 그녀는 환자의 자궁을 적출해버림으로써 환자를 상해에 이르게 했다.

1, 2심 모두 그녀에게 업무상과실치상죄의 유죄를 선고했다. 그녀는 억울해했다. 자궁을 적출하기 전에 분명히 환자로부터 '승낙'을 받았다는 것이었다. 그러니 자궁을 적출한 자기의 행동에는 위법성이 없고, 위법성이 없으니 무죄라는 것이었다. 그녀는 '피해자의 승낙'이라는 위법성조각사유를 주장하고 있었다.

형법 제24조(피해자의 승낙)

처분할 수 있는 자의 승낙에 의하여 그 법익을 훼손한 행위는 법률에 특별한 규정이 없는 한 벌하지 아니한다.

점심을 훌쩍 지난 늦은 오후가 되었다. 기록을 보느라 아직 해장도 하지 못했다. 사무실에서 짬뽕밥을 배달시켜 먹었다. 이제야 조금 술 냄새가 가신 듯. 그녀에게 전화를 걸었다. 아니 어차피 비대면 접촉이니 술 냄새가 전해질 리도 만무했다. 그녀에게 기록 검토 결과를 알려주려는 것이었다. 지극히 뻔한 결과였다. 유죄였다. 이미 확립된 판례가 굳건히 자리 잡고 있었다.

피해자의 승낙으로 위법성이 조각되기 위해서는 그 승낙이 '유효'해야 한다. 자유로운 의사결정에 의한 진지한 승낙이어야 한다. 더군다나 의사의 치료행위에 대한 것과 같이 의사가 아닌 일반인의 능력만으로 상황 판단이 어려운 경우라면, 전문가인 의사의 '설명'이 반드시 전제되어야 한다. 즉 이런 경우 의사는 '설명의무'가 있다. '설명의무'를 다하지 않은 채 받은 환자의 승낙은 더 이상 유효하지 않은 것. 그녀는 자궁외임신과 자궁근종을 판별하기 위한 검사도 하지 않은 채 그저 환자에게 자궁을 적출해야 한다고만 했다.

당연히 환자는 자궁외임신에 대하여 아무런 설명도 받지 못했다.

"의사가 그렇게 얘기하면 환자는 당연히 그런 줄 알고 승낙을 하지요. 의사가 수술해야 한다는데 안 된다고 할 환자가 어디에 있어요."

"네?" 나는 완곡하게 말하고자 했지만 그녀는 받아들이지 못했다. 그것이 제대로 된 법적 판단이냐며 몇 번이고 날카롭게 되물었고 그때마다 나는 그렇다고 했다. 그렇게 우리의 대화는 수십 분을 제자리 쳇바퀴 돌았다. 아직 남은 숙취 때문인지 어지러웠다. 쳇바퀴를 벗어나고 싶었다. 사건을 수임할 이유가 없었다. 그녀는 조금도 뉘우치지 않았고 판결의 결과는 바뀌지 않을 것이었다. 서로가 괴로워질 뿐이었다. 오로지 돈 때문만이라면—외과의사 사건은 그래도 '법적으로' 무죄였다—그것은 서서히 나를 갉아먹고 피폐하게 할 것이었다. 세상에 공짜는 없다. '일단 수임하고 보자'는 그런 변호사들과 나는 달라. 난 그저 '아주 조금 더' 양심적이고 '아주 조금 더' 정의로울 수 있길 바랄 뿐이었다.

"그 환자는 이제 더 이상 아이를 가질 수 없어요. 선생님은 정말 조금의 책임도 못 느끼시나요?"

그녀가 당황한 듯 잠시 머뭇거렸다.

"1심, 2심 유죄판결은 제가 볼 땐 맞아요. 아니, 오히려 벌금의 액수가 적지요."

"참 나……." 그녀는 말을 잇지 못했다. 그러다 뭐 이런 변호사가 있냐며 신경질적으로 전화를 끊었다. 그녀로부터 받은 돈 그대로를 다시 그녀의 계좌로 송금했다. 어쩌면 아직 술이 덜 깼는지도 몰랐다.

그로부터 얼마간의 날들이 지났다. 나는 여느 때처럼 사무실 앞 신문 놓이는 소리에 잠을 깼고 또 비몽사몽간 신문을 넘기고 있었다. 정치면, 연예면, 스포츠면. 그중에서 사회면 구석 '대학생 쇼크사'라는 짤막한 기사가 잠깐 눈길을 끄는 듯하다 바로 옆 어딘가 익숙한 광경의 만평이 대번 눈길을 사로잡았다. 한 여자가 "내 아기집(자궁) 돌려줘!"라며 한스럽게 울부짖고 있었고, 그녀를 등진 채 "당신이 승낙했잖아……"라고 소심하게 중얼거리는 의사 가운을 입은 여자의 모습이었다. 나는 바로 노트북 앞에 앉아 사건의 대법원 판결문을 찾았다.

"피고인은 대학 산부인과 전문의 수련 과정 2년차로서 진료경험이나 산부인과적 전문지식이 비교적 부족한 상태였으므로, 산부인과 전문의의 지도를 받는다든지 자문을 구하고, 진료에 필요한 모든 검사를 면밀히 실시하여 병명을 확인한 후 수술에 착수할 의무가 있었다.

그럼에도 피고인은 환자 김모 씨가 10년간 임신경험이 없고 경유한 병원에서의 진단소견이 자궁근종으로 되어 있자, 자궁외임신인지 판별하기 위한 검사를 전혀 실시하지 않은 상태에서 김모 씨를 자궁근종으로 오진하고 자궁적출술을 시행하여 김모 씨를 상해에 이르게 하였다.

피고인은 자궁을 적출하기에 앞서 김모 씨로부터 승낙을 받았으므로 그 위법성이 없다고 주장한다. 하지만 피고인은 자신의 촉진결과 등을 과신한 나머지 정밀한 진단방법을 실시하지 않아 김모 씨의 병명을 오진한 후 의학적 지식이 없는 김모 씨에게 자궁적출술이 반드시 필요하다고만 강조하였을 뿐, 오진이 없었다면 당연히 설명하였을 자궁외임신에 대해 설명하지 아니한 채 수술의 승낙을 받았다.

이러한 승낙은 피고인의 부정확하거나 불충분한 설명을 근거로 하여 이루어진 것으로 피고인의 수술행위의 위법성을 없앨 유효한 승낙이라고 볼 수 없다. 피고인은 업무상과실치상죄의 유죄."

벌금의 액수는 그대로 유지되었다. 피해자 환자의 몸은 더 이상 아이를 가질 수 없었고, 피고인 의사 그녀는 벌금 50만 원을 납부해야 했다.

불문율

⚖️

아직 아침 7시가 조금 넘었을 뿐이었다. 좀 더 자야겠다. 책상에서 일어나 다시 소파 위로 몸을 던졌다. '자자, 자자.' 몸을 움츠려 소파의 틀에 맞추고는 눈을 감았다. 하지만 뇌리에 남아 있던 짧은 단어 몇 개가 기어이 몸을 다시 일으켜 세웠다. 나는 테이블 위에 거꾸로 덮여 있는 신문을 다시 역순으로 넘기며 훑기 시작했다. '대학생…… 대학생……' 찾았다. "대학생 쇼크사." 기사 내용은 이랬다.

"……치안본부에서 조사를 받아오던 공안사건 관련 피의자 박종철 군(21세, 대학 3년)이 경찰조사를 받던 중 숨졌다. 경찰은 박군의 사인을 쇼크사라고 검찰에 보고했다.

그러나 검찰은 박군이 수사기관의 가혹행위로 인해 숨졌을 가능성에 대해 수사 중이다."

이상했다. 대학생이 경찰에게 고문을 받다가 사망했다? 이 정도로 보도하고 지나갈 일이 아닌데. 아니나 다를까 그 손바닥만 한 지면은 곧 나라 전체를 격랑 속으로 몰아넣었다.

기자들은 앞다투어 사실 확인에 뛰어들었고, 여론은 들끓기 시작했다. 경찰은 마지못해 박군의 사망 원인을 발표했다.

"책상을 '탁' 하고 치니 '윽' 하고 쓰러졌습니다."

하지만 누구도 그 말을 믿지 않았다. 기자들은 박군을 최초로 검안한 의사에게 몰려갔다. 그는 당시 조사실 바닥은 온통 물바다였고 박군은 물에서 금방 건져 올린 사람처럼 흠뻑 젖어 있었다고 말했다. 박군의 복부가 부풀어 있어 청진기를 대보니 가득 찬 물 때문에 꼬르륵 소리가 들렸다고도 했다. 사건은 다시 신문 1면 톱으로 대서특필되었다. "물고문 도중 질식사." 민심이 폭발했다. 사건을 축소하고 은폐하기에만 급급했던 경찰은 결국 고문치사를 인정했다. 박군이 사망한 지 4일 만이었다. 사건은 이러했다.

박종철 군은 자정 무렵 학교 근처 하숙집으로 돌아가고 있었다. 경찰 대공수사관들은 박군을 납치하듯 불법적으로 연행했다. 장소는 고문으로 악명높은 '남영동 대공분실'이었다. 그들은 박군의 학교 선배가 어디에 있는지 대라며 박군을 추궁했다. 그 선배란 사람은 여러 집회를 주도한 혐의로 수배 중이었다. 박군이 모른다고 답하자 그들은 박군을 구타하기 시작했다. 하지만 박군은 입을 열지 않았다. 수사관들은 박군의 옷을 모두 벗겼다. 그의 두 팔과 두 다리를 수건으로 꽁꽁 묶었다. 그의 두 다리를 들어 올려 물이 가득 찬 욕조에 그의 머리를 처박았다. 얼마나 반복했을까. 10시간이 지났다. 그러나 그는 끝내 입을 열지 않았다. 이미 숨을 거둔 후였다. 경부압박에 의한 질식사. 부검 결과 그의 목 부분이 욕조 모서리에 강하게 눌리면서 질식사한 것으로 밝혀졌다. 수사관들은 모두 고문치사 혐의로 구속되었다.

대한민국에서 말도 안 되는 일이 벌어졌다. 대학생이 고문을 받다가 사망했다. 그야말로 천인공노할 일이었다. 분노하지 않을 수 없었다. 나는 박군의 유가족 법률지원단에 자원했다.

박군의 가족을 처음 만난 것은 화장장에서였다. 박군의 아버지는 박군의 영정 앞에서 실성한 듯 중얼거렸고 어머니는 실신해서 병원으로 옮겨졌다. 박군의 형은 말없이 박군의 유해를 끌어안았다. 우리는 근처 임진강으로 향했다. 잿빛 가루로 변한 아들을 아버지가 한 줌 한 줌 강 위로 뿌리기 시작했다. 그는 가슴속 통곡을 삼키며 마른 눈물을 흘렸다.

"종철아, 잘 가그래이…… 이 아부지는 아무 할 말이 없대이……."

거대한 비극. 동시에 그것은 거대한 불의였다. 고문 수사관들은 변호인을 선임했다. 대형 로펌이었다. 유가족 법률지원단은 피해 배상을 위해 그들 변호인단과의 만남을 추진했다.

예정보다 조금 이른 시각이었다. 나는 그들 로펌 건물로 들어섰다. 세련된 인테리어에 최신식 설비. 뻔쩍뻔쩍했다. 내 초라한 사무실과는 비교도 할 수 없었다. 나는 비서의 안내에 따라—기죽지 않은 척—회의실로 들어섰다. "1등으로 도착하셨네요. 어서 오세요." 나란히 앉은 변호사 세 명이 나를 마주 보며 인사를 건넸다.

"아직 시간이 안 됐으니 좀 기다려볼까요." 찻잔과 찻잔 받침이 딸그락거리는 소리만이 한동안 넓은 회의실을 울렸다. 그 지루함을 참을 수 없었는지 왼쪽에 앉아 있던 변호사가 입을 열었다.

"안타깝지만, 수사관들도 어쩔 수 없었겠죠. 아니 위에서 시키는데 부하가 감히 거부할 수 있나요. 그냥 시키는 대로 하는 거죠."

그는 수사관들의 행동이 '정당행위'라고 했다.

형법 제20조(정당행위)

법령에 의한 행위 또는 업무로 인한 행위 기타 사회상규에 위배되지 아니하는 행위는 벌하지 아니한다.

공무원이 상관의 명령에 복종하여 따르는 행동은 '법령에 의한 행위'로서 위법성이 조각된다는 것이었다. 나는 고개를 저었다. 그저 그 가벼운 논리에 분노가 치밀었다. 당신들이 정말 정의의 붓으로 인권을 쓴다던 그 변호사들이 맞는가? 그렇게 되묻고 싶었다. 나는 침착하려 애쓰며 겨우 입을 열었다.

"법령에 의한 행위가 되려면 상관의 명령이 '적법'해야 합니다. 적법한 명령이 아니라면, 그러니까 위법한 명령이라면 그에 따를 '법적 구속력'이 없는 거죠. 그럼에도 그 명령을 따랐다? 위법성이 조각될 수 없지요. 사람을 고문하라는 명령은 분명히 위법한 명령입니다. 그런 명령에 따라 사람을 고문해 죽이는 것이 어떻게 정당행위가 되고, 어떻게 무죄가 될 수 있다는 겁니까?"

왼쪽 변호사는 미동도 하지 않았다. 그러자 가운데 앉은 ─가장 연차가 높아 보이는─변호사가 이해할 수 있다는 듯 고개를 끄덕이며 미소 지었다. 마치 백번 양보해서 이해할 수 있다는 투였다.

"그렇죠. 그 말씀도 일리가 있어요. 고문하라는 명령을 적법하다고 보기 어려울 순 있지요."

오른쪽에 앉은 변호사는─마치 자신에겐 처음부터 발언권이 주어지지 않았다는 듯─노트에 무언가를 열심히 적기만 했다. 가장 어려 보였다. 가운데 변호사가 잠시 안경을 고쳐 쓰더니, 다시 말을 이었다.

"하지만 류 변호사님, 생각 한번 해보세요. 경찰이잖아요. 그 위계질서가 얼마나 엄격합니까. 그냥 까라면 까는 거죠. 적법한 명령이고 위법한 명령이고를 따질 수가 없는 거예요. 류 변호사님이 수사관이었다고 생각해보세요. 음…… 듣고 보니 명령이 위법한데? 그럼 '나 안 할래' 하고 거부할 수 있을까요? 과연 그게, 그게 과연 현실적으로 가능할까요?"

그는 꼭 '당신도 그 자리에 있었다면 고문할 수밖에 없었을 거야'라고 얘기하고 있었다. 불쾌했지만 당황스럽기도 했다. 생각해본 적이 없었다. 그래, 내가 수사관이었다면 나는 어떻게 했을까. 정말—내 말대로—나는 그 명령을 거부할 수 있었을까. 어쩌면 나는 입만 산 비겁한 사람이 아닐까. 내가 그렇게 용감한 사람인가. 내가 그렇게 정의로운 사람인가. 고민했다. 답을 찾고 싶었다. 그의 물음에 '가능하다'는 답을 찾고 싶었다.

"더 얘기할 필요는 없을 것 같네요. 배상 문제는 말할 것도 없고요." 내가 머뭇거리자 그는 기회를 놓치지 않았다. 그리고 다음에 다시 보자는 듯한 미소로 자리를 정리하며 덧붙였다.

"대공수사단이잖아요. 상관의 명령에 '절대복종'해야 한다는 것이 불문율처럼 되어 있습니다. '불문율'이요. 그 명령이 위법하더라도 '사실상' 거부할 수가 없는 거죠. 마치 '강요된 행위'처럼 적법하게 행동할 것을 기대할 수 없는 것같이. 그런 그들을 비난할 순 없지요."

강요된 행위. 그는 위법성의 조각을 넘어 '책임'의 조각을 이야기하고 있었다. '책임 없으면 형벌 없다.' 위법성을 조각할 수 없는 불법행위자에게 적법하게 행동할 것을 기대할 수 없는 사정이 있었다면, 적법하게 행동하지 아니한—즉 불법을 저지른—그를 비난할 수 없고, 그렇다면 그는 책임이 조각되어 무죄이므로 그에게 형벌을 가할 수 없다는. 형법 제12조의 '강요된 행위'는 대표적인 책임조각사유이다.

형법 제12조(강요된 행위)

저항할 수 없는 폭력이나 자기 또는 친족의 생명, 신체에 대한 위해를 방어할 방법이 없는 협박에 의하여 강요된 행위는 벌하지 아니한다.

오래된 지난날의 사건 하나가 떠올랐다. '가진 자의 것을 빼앗고 그들을 죽인다.' 조직의 이름은 '마스칸'이었다. 6명의 조직원은 이미 두 건의 살인을 저질렀고 다음 범행의 대상을 물색하고 있었다. 곧 그들은 고급차 한 대를 가로막아 세웠다. 가스총과 칼로 그 안의 남녀를 위협해 끌어냈다. 하지만 둘은 그들이 찾던 부자가 아니었다. 카페 직원들에 불과했고 차는 중고로 구입한 것이었다. 그들은 남자는 살해하기로, '이모양' 여자는 살려 두기로 했다. 다만 이모양에게는 남자를 살해하는 행위에 가담시켜 도망치지 못하도록 계획했다. 그들은 남자의 머리에 비닐봉지를 씌워 목을 졸랐고 이모양은 극도의 공포 속에서 겨우겨우 남자의 입을 막는 척을 해야 했다.

일주일 후 그들은 다시 고급차를 탄 부부를 납치했다. 남자는 중소기업 사업가였다. 그들은 몸값을 받으면 풀어주겠다고 부부를 달랬다. 이에 남자는 회사 직원을 통해 8,000만

원을 건넸다. 하지만 그들은 결국 부부를 살해하기로 했다. 이때 이모양을 보다 확실하게 공범으로 만들기 위하여 이모양이 직접 총을 발사해 남자를 살해하도록 했다. 이모양은 신체가 결박당한 채 남자를 죽이지 않으면 자신이 죽을지도 모른다는 극한의 두려움에 떨었고 결국 방아쇠를 당겨야 했다. 그들은 부부의 시체를 해체했고 일부는 그 시체를 먹기도 했다.

그러던 어느 날 그들 중 한 명과 병원을 동행하던 이모양은 극적으로 탈출에 성공했다. 조직원들은 모두 체포되었다. 조직원들은 그들의 두목을 '지존'이라 불렀고 사람들은 그들을 '지존파'라고 부르기 시작했다. 그들은 강도살인, 시체손괴, 범죄단체조직죄 등으로 사형을 선고받았다. 하지만 이모양에 대해서는 기소조차 이루어지지 않았다. '강요된 행위'였다. 누구도 그녀를 비난할 수 없었기 때문이다.

무언가 잘못되었다는 생각이 급습했다. 나는 다급하게 자리에서 일어났다. 의자가 뒤로 넘어갔지만 신경 쓸 겨를이 없었다.

"틀렸습니다. 수사관들은 여전히 비난받아 마땅해요!"

막 자리를 뜨려던 로펌 변호사들이 멈칫거렸다. 안경을 매

만지던 그 역시 어리둥절하며 자리에서 일어서는 둥 마는 둥 했다. 나는 회의실 중앙의 화이트보드를 떠올리곤 재빨리 걸음을 옮겨 손에 잡히는 아무 색깔 보드마커를 집어 들었다. 그제야 그가 팔짱을 끼며 다시 자리에 앉았다. 시간은 얼마 주지 못하지만 당신에게 주는 마지막 기회이니 어디 한번 해보라는 듯했다. 변호인단은 마치 오디션의 심사위원처럼 나를 바라보고 앉았다. 나는 눈을 질끈 감고 재빠르게 생각을 정리했다. 그리고 그들을 보며 마커의 뚜껑을 열었다.

적법한 명령 ⟶ 법적 구속력 ○ ⟶ 형법 제20조 법령에 의한 행위 ⟶ 위법성 조각 ○ ⟶ 무죄

"아까 말씀드렸듯이, 상관의 명령이 적법하면 그 명령은 '법적' 구속력이 있지요. 그래서 그 명령에 따른 행동은 형법 제20조의 법령에 의한 행위, 즉 정당행위로서 위법성이 조각됩니다. 무죄죠. 하지만 그 명령이 위법하다면요? 위법한 명령에는 법적 구속력이 없지요. 그리고 그 명령에 따른 행동은 위법성이 조각되지 않습니다. 정당행위가 아닌 거죠. 네, 그렇죠. 변호사님 말씀대로 '법적' 구속력은 없더라도 '사실상' 구속력을 따져볼 수 있어요. 군대나 경찰처럼 위

위법한 명령 → 법적 구속력X → 사실상 구속력? → ○ → 책임조각○ → 무죄 / → X → 책임조각X → 유죄

계질서가 엄격한 조직에서는 상관의 명령에 따르지 않는 게 '사실상' 가능하지 않을 수 있으니까. 하지만 그렇더라도, 언제나 사실상 구속력이 인정되는 건 아닙니다. 경우를 나누어 보아야 합니다.

자, 상명하복이 엄격한, 그런 군대나 경찰 같은 특별관계에서 '경범죄' 같은 경미한 법 위반에 대한 명령이라면 어떨까요? 부하들이 그 명령을 거부하기가 사실상 쉽지 않을 겁니다. 그땐 그 명령에 '사실상' 구속력이 있다고 인정할 수 있겠지요. 그렇다면 그 명령에 따라 법을 위반하더라도 책임이 조각되어서 범죄가 성립한다고 보긴 어려울 겁니다. 무죄가 되겠지요.

하지만 사람을 고문하라는 '중대한 법 위반'에 대한 명령이라면요? 아무리 상명하복 관계가 엄격하고, 상관의 명령에 무조건 따라야 한다는 불문율이 있다고 해도, 그러한 중대 범죄에 대한 명령에까지 사실상 구속력을 인정할 순 없습니다. 그런 경우까지 명령의 구속력을 인정해 범죄를 저지른 자를 면책시킬 순 없지요. 부하들은 그런 상관의 명령

에 거부했어야 합니다. 그들은 명령을 거부함으로써 박 군을 살릴 수 있었어요. 하지만 기대를 저버렸어요. 비난받아 마땅합니다. 그들의 책임은 조각되지 않습니다. 유죄. 모두 고문치사죄 유죄입니다."

"……."

그들은 내내 아무런 말이 없었다. 회의실엔 적막이 흘렀다. 곧 가운데 앉은 그가 옅은 미소를 지으며 자리에서 일어났다.

"네, 잘 들었습니다. 결과는 두고 볼까요?"

모두 회의실을 떠났다. 아직 약속시간 전이었다. 그들은 어쩌면 처음부터 잘못을 인정할 생각이 없었을지 모르겠다. 휑해진 자리 뒤편 창밖으로 시위대의 모습이 보였다. 국민은 박 군의 죽음에 대해 분노하고 있었다. "종철이를 살려내라!" 넥타이 부대의 구호 소리가 거리를 가득 메웠다. 자동차 경적이 일제히 울리고 있었다. 나는 어떤 사람이 될 것인가. 나는 과연 어떤 변호사가 될 것인가. 더 이상 일신만을 위하지도, 더 이상 가만히 앉아 시민들에게 빚을 지지도 않을 것이다. 나는 서둘러 시위대에 합류했다.

거리는 최루탄 연기로 자욱했다. 나는 가까스로 골목 안

책방으로 숨어들 수 있었다. 한참 눈물을 흘리고 나서야 겨우 매운 눈이 가셨다. 서가에 꽂다 만 듯 삐져나온 책이 희미하게 아른거렸다. 이끌리듯 손을 뻗어 그것을 펼쳤다. 시인 정호승의 「부치지 않은 편지」였다.

시대의 새벽길 홀로 걷다가
사랑과 죽음의 자유를 만나
언 강바람 속으로 무덤도 없이
세찬 눈보라 속으로 노래도 없이
꽃잎처럼 흘러흘러 그대 잘 가라

나는 책방을 뛰쳐나와 다시 시위대 속으로 파고들었다. 책방에 걸린 옛날식 일력은 6월 10일을 알리고 있었다. 훗날 역사는 이날을 '6월 민주항쟁'이 본격적으로 시작된 날로 평가했다. 그로부터 약 8개월 후, 대법원은 최종판결을 선고했다.

"양손을 뒤로 결박당하고 양발목 마저 결박당한 피해자의 양쪽 팔, 다리, 머리 등을 밀어 누름으로써 피해자의 얼굴을 욕조의 물속으로 강제로 찍어 누르는 가혹행위를 반복할 때에 욕조의 구조나 신체 구조상 피해자의 목 부분이 욕조의 턱에 눌릴 수 있고 더구나 물속으로 들어가지 않으려고 반사적으로 반항하는 피해자의 행동을 제압하기 위하여 강하게 피해자의 머리를 잡아 물속으로 누르게 될 경우에는 위 욕조의 턱에 피해자의 목 부분이 눌려 질식 현상 등의 치명적인 결과를 가져올 수 있다는 것은 우리의 경험칙상 어렵지 않게 예견할 수 있다.

공무원이 그 직무를 수행함에 있어 상관은 하관에 대하여 범죄행위 등 위법한 행위를 하도록 명령할 직권이 없는 것이고, 하관은 소속 상관의 적법한 명령에 복종할 의무는 있으나 그 명령이 참고인으로 소환된 사람에게 가혹행위를 가하라는 등과 같이 그 명백한 위법 내지 불법한 명령인 때에는 이는 벌써 직무상의 지시 명령이라 할 수 없으므로 이에 따라야 할 의무는 없다.

설령 대공수사단 직원은 상관의 명령에 절대복종하여야 한다는 것이 불문율로 되어 있다 할지라도, 국민의 기본권인 신체의 자유를 침해하는 고문 행위 등이 금지되어 있는 우리의 국법 질서에 비추어볼 때 그와 같은 불문율이 있다는 것만으로는 고문치사와 같이 중대하고도 명백한 위법 명령에 따른 행위가 정당한 행위에 해당하거나 강요된 행위로서 적법행위에 대한 기대가능성이 없는 경우에 해당하게 되는 것이라고는 볼 수 없다."

박군의 왼팔을 잡은 자는 징역 5년을, 오른팔을 잡은 자는 징역 6년을, 다리를 잡은 자는 징역 3년을, 욕조에 머리를 담근 자는 징역 8년을, 이들을 지휘한 자는 징역 10년을 각각 선고받았다. 그리고 그로부터 왼팔을 잡은 자는 2년여 후, 오른팔을 잡은 자는 3년여 후, 욕조에 머리를 담근 자는 4년여 후, 지휘한 자는 6년여 후 모두 가석방되었다.

남영동 대공분실은 그보다 훨씬 오랜 세월이 흘러서야 민주인권기념관으로 변모할 수 있었다.

법은 우리를 처벌하지 못한다

⚖

백화점이 무너졌다. 말 그대로 백화점 건물이 와르르 무너져 내렸다. 대형 로펌 변호사인 연수원 동기가─백화점 근처에 사무실이 있는 내게─안부를 물어왔다. "나는 괜찮아." "그래, 다행이야." 그리고 정말 대단하지 않냐며 입을 열었다.

"사법시험을 합격할 정도면 운(運)도 굉장히 좋은 거라잖아."

당시 사법연수원은 백화점 바로 길 건너편에 위치해 있었다. 사법연수생들은 그곳에서 자주 밥을 먹거나 쇼핑 따위를 했다. 하지만 백화점이 무너졌을 때, 마침 그들은 예술의 전당에서 단체로 공연을 관람하고 있었다.

"정말 정말 공교롭게도 말야. 그치?"

그녀의 말은 묘하게 설득력이 있었다. 아차 하면 고개를 끄덕이며 그렇다고 할 뻔했다. 본래 운이 좋은 예비 법조인들이―운도 따라주지 않아 사고를 당한 보통 사람들과는 달리―역시 운 좋게 사고를 피할 수 있었다는, 역겨운 법조인 선민의식이었다. 치가 떨렸다. 인간이 인간을 순수하게 혐오할 수 있다면 바로 이런 감정일까. 순간적으로 그녀에겐 연민조차 아깝다는 생각이 들었다.

사망자 502명을 비롯한 총 사상자수 약 1,500명. 6.25전쟁을 제외하고 대한민국 건국 이래 가장 큰 인명 피해를 입힌 삼풍백화점 붕괴사고. 어떤 변호사는 세 딸을, 또 어떤 검사는 부인과 두 자녀를 잃었다. 그녀는 틀리기까지 한 것. 사법연수원 건물엔 사고수습 지휘본부가 설치되었다.

사무실 창밖에는 아직 거대한 비극이 살아 움직이고 있었다. 전쟁터 같은 폐허에 뿌려지는 긴 물줄기들. 분주하게 움직이는 군인, 경찰, 자원봉사자. 휘청대는 굴착기와 이름 모를 거대한 기계. 나는 창문을 열었다. 둔탁했던 구조 현장의 소음이 날카롭게 사무실로 날아들었다. 잘 들리지 않는다며 다음에 다시 통화하자며 그녀와의 전화를 끊었다.

멍하니, 얼마나 보고 있었던 걸까. 여전히 익숙해지지 않는 그림. 기괴하게 뼈대를 드러낸 건물 단면. 그런데 그 뒤로 망연자실한 듯 서 있는 누군가의 뒷모습이 익숙했다. 김 검사였다. 굴착기 굉음아 뚫려라, 목청아 찢어져라 "김 검사!" 소리쳐 불렀다. 그가 서 있는 아스팔트 도로가 타오를 듯 달구어져 있었다.

"후, 덥다!" 김 검사는 사무실에 들어오며 못 견디겠다는 듯 양복 상의를 벗어젖혀 소파에 던졌다. "물 좀." "그래, 물!" 나는 황급히 탕비실에서 시원한 생수 한 병을 내어왔다. 털썩 소파에 앉은 그는 셔츠의 소매를 걷는 둥 마는 둥 벌컥벌컥 금세 그것을 비웠다. 그러더니 이제야 살겠다는 듯 짧게 한숨을 쉬었다. 그러곤 막 내게 웃어 보였다. 낡은 선풍기가 둘을 번갈아 비추고 있었다. 고친다 고친다 했는데 아직 고치지 못한 에어컨 때문에 내심 미안했다.

"그러니까, 처음부터 끝까지 전부?"

나는 의아한 표정으로 그에게 물었다. 그는 생수병의 라벨을 뜯고 있었다.

"응, 그렇지. 거의, 전부."

그러더니 오른손으로 빈 병을 꼭 쥐어 찌그러뜨리곤 왼손으로 그 뚜껑을 닫았다. 그는 고개를 들어 다시 나와 눈을 맞췄다. 다음 질문을 기다리고 있었다. "한 병 더 줄까?" 그 질문이 아니잖아. 그는 웃으며 고개를 저었다.

"그러니까. 그 백화점 건축을 계획한 사람, 그 건축을 설계한 사람, 또 그 설계에 따라 공사한 사람. 그리고 공사가 끝난 후에는 그 백화점을 관리한 사람들 전부?"

'그래, 그렇다니까. 몇 번을 물어'라는 듯 그는 명랑하게 고개를 끄덕이며 말했다.

"응, 전부. 전부 '공동정범'으로."

공동정범. 아니 공동정범이라니. 나는 분명 그가 대단한 착각에 빠져 있다고 생각했다. 공동정범은 범죄의 '공모'가 있어야 성립하기 때문이다.

"아니, 김 검사. 피의자들 전부가 부러 사람들을 죽이려고 백화점을 허술하게 짓기로 공모했다?"

그는 희미하게 웃고 있었다. 그도 무리한 기소란 걸 인정하는 듯한 미소였다. '검찰, 문제다. 정말'이라는 소리가 목구멍까지 차올랐다가 가라앉았다. 살인죄는 고의범이다. 그들을 살인죄로 기소하는 건 아무래도 난센스였다. 나는 그런 검사를 훈계하고 싶었다. 다시 입을 열려는 순간 그가 내 말을 가로챘다.

"아니. 살인죄라면 미필적 고의도 입증하기 어렵지."

살인죄가 아니다? 머릿속이 하얘졌다. 예상치 못한 스틸
(steal)이었다. "그럼…… 그럼 무슨 공동정범이라는 건데?"
나는 얼떨하게 물었다. "그렇지, 그 질문이 나와야지." 이런
상황에 익숙하다는 듯 그는 다시―좀 전처럼―희미한 미소
를 지었다.

"업무상과실치사죄. 업무상과실치사죄의 공동정범. 그것
으로 기소할 수밖에."

그의 답변은 전보다 더 내 예상을 벗어났다. 고의범이 아
닌 '과실범'의 공동정범이라니. 혼란스러웠다. 공동정범이란
범죄의 '공모'가 있어야 하고 그 '공모'는 '고의범'에서만 가
능한 게 아니었던가. 내 상식을 깨부수는 그의 새롭고 놀라
운―흔히들 '신박하다'고 하던가―이론에 나는 몸이 달았다.

"과실(過失), 그러니까 실수를 서로 공모하는 게 가능하다
고 보는 거야? 아니, 서로 실수를 하자고 공모를 했다면 그
건 더 이상 과실이 아니라 고의(故意)지!"

그가 순순히 고개를 끄덕였다. 그러곤 나지막이 혼잣말하
듯 했다.

"역시 류변도 그렇게 생각해? 역시 그렇겐, 처벌할 수 없
다는 거야?"

'응, 역시.' 나는 입술을 떼지 못했다. 내가 놓친 뭔가가 있

는 걸까. 그의 물음이 나의 확신을 흔들고 있었다. 그는 생수병 라벨을 리본으로 묶고 있었다. 이마에 송골송골 땀이 맺혔다. 다 묶은 라벨을 테이블 위에 두더니 다시 나와 눈을 맞췄다. 이젠 그의 차례였다.

"그럼 피의자들 각자의 과실 행위와 백화점 붕괴 사이의 그 인과관계들을 모두 입증해야 한다는 건데."

그렇지. 나는 고개를 끄덕였다.

"그건 가능한가?"

말문이 막혔다. 불가능에 가까웠다. 피의자들의 각 과실과 백화점 붕괴라는 결과 사이, 그 모든 인과관계의 존재를 사회과학적으로 증명해야 한다는 건, 현실적으로 불가능했다. 불가능하다면…… 나는 입술만 오물거렸다. 그는 어차피 내 대답을 알고 있었다. 결국 그가 대신 답했다.

"불가능하지. 입증이 불가능하면 모두 무죄야. 알지?"

모두 무죄. 머리칼이 주뼛 섰다. 그 엄청난 사고에 처벌받는 사람이 하나 없다. 그는 곧 흐를 것 같았던 이마의 땀을 훔쳤다. 그러고는 마치 '이것이 내 결론이야'라는 듯 말했다.

"공동정범에서 그 '공모'란 '고의 범죄'의 공동의사가 아니라, 고의이든 과실이든 간에 그 '행위' 자체에 대한 공동의사이면 되지 않을까?"

그는 대화 중 처음으로 내게 동조를 구했다. 나는 다시 생각했다. '행위공동설'이라. 처벌의 필요성 때문에? 하지만 과실행위를 공모한다는 건 아무래도 어불성설이었다. 모두 무죄라도 그건 어쩔 수 없는 일. 김 검사의 이론은 법원에서 받아들여지지 않으리라. 여전히 '범죄공동설'이 맞았다. 그것이 내가 형법 시간에 배운 것이었다. 나는 반론의 근거를 고민했다.

하지만 그가 덧붙인 말이 자꾸만 생각을 방해했다. "그 백화점 회장이란 인간은 사과 한 마디를 하지 않았어." 왜인지 바깥은 고요했다. 굴착기 소리도 들리지 않았다. 오직 선풍기 돌아가는 소리만이 백색소음처럼 사무실을 채우고 있었다. 순간 갑작스러운 사이렌 소리와 사람들의 웅성거림. 둘은 누가 뭐라 할 것도 없이 누가 먼저랄 것도 없이 창문으로 돌진했다. 생존자가 발견됐다! 백화점이 무너진 지 꼭 17일째 되는 날이었다.

누구도 그 회장을 변호하지 않으려 했다. 국선변호인만이 그의 무죄를 주장했다. "재판장님, 현행법의 해석으론 피고인을 처벌할 수 없습니다"라고 했던가. '범죄공동설'이었으리라. 유난했던 찜통더위의 기억이 희미해질 무렵이었다. 의뢰인과의 점심 약속에 늦을까 봐 재촉하는 걸음이 한창이었다. 마침 법원 청사 안 TV들이 뉴스 속보를 쏟아내고 있었다. 속보 나올 일이 뭐가 있더라. 나는 걸음을 재촉하면서도 TV에 집중했다. 상처 입은 백화점이 헐벗은 등을 드러내고 있었다. 마치 아픈 기억을 끄집어내는 듯했다. 곧 판사가 법정에서 판결문을 읽었다.

"건물 붕괴의 원인은 건축계획의 수립, 건축설계, 건축공사공정, 건물 완공 후의 유지관리 등에 있어서의 과실이 복합적으로 작용한 데에 있다. 각 단계별 관련자들을 업무상과실치사상죄의 공동정범으로 처단한다. 피고인(회장)을 징역 7년 6월에 처한다."

사건은 끝까지 내 예상을 빗나갔다. 법원은―놀랍게도―행위공동설의 손을 들어주었다. 이따 김 검사한테 전화 한 통 해야겠네. '행위공동설. 행위공동설이라니.' 나는 중얼거리며 법원 문을 나섰다. 십여 명의 사람들이 머리에 띠를 두른 채 목청껏 구호를 외치고 있었다. 법원 앞은 상습 시위 구역이었다. 그 앞에 세워진 그들의 낡은 승합차엔―판·검사들의 실명과 그들의 '업적'으로 빼곡한―조잡한 현수막이

걸려 있었다. 바로 몇 걸음 앞에서 수십 명의 경찰들이 그들을 감시하고 있었다. 승합차 지붕 위에 올려진 대형 확성기에서 '챙챙'거리는 전기 기타 소리가 시끄럽게 귀를 때렸다. 아, 약속장소가 어디였더라. 휴대전화로 지도를 검색해야 했다. 왼편엔 법원, 오른편엔 검찰청. 나는 그렇게 둘 사이를 걷고 있었다. 휴대전화를 접고 고개를 드니 거대한 변호사 빌딩 숲이 나를 내려다보고 있었다. 돌연 아찔함을 느꼈다. 비틀거렸다.

법이란 무엇일까. 또 정의란 무엇일까. 나처럼 부족한 사람이 과연 답을 알 수 있을까. 평생 알 수 없을지도 모른다는 두려움이 엄습했다. 그리고 그 두려움이란 숙명처럼 느껴졌다. 겨우 균형을 잡고 선 나는 바로 걸음을 떼지 못했다. 천천히 감겼던 눈을 떴다.

더 이상—무의식과 의식 사이의—꿈이 아니었다. 나는 대단한 사람이 되어 있지 않았다. 나는 거대한 법조타운 속에서 보이지도 않는 미세한 존재에 불과했다. 분명한 현실이었다. 승합차 확성기에서 나오는 '둥둥'거리는 베이스 기타 소리가 심장으로 날아들어 꽂히고 있었다. 어쩐지 익숙하더라니. 밴드 시절, 멤버들과 즐겨 합주하던 곡이었다. 희미했던 시선에 서서히 초점이 맞춰졌다. 저 멀리 횡단보도 보행자 신호가 깜박이고 있었다. 서초동 정오. 거리는 인파를 쏟아내고 있었다.

변호사 실격

초판 1쇄 2022년 8월 31일

지은이 류동훈 | **편집** 북지육림 | **본문그림** 조혜영 | **디자인** 박진범 | **제작** 야진북스
펴낸곳 지노 | **펴낸이** 도진호, 조소진 | **출판신고** 제2019-000277호
주소 경기도 고양시 일산서구 중앙로 1542, 653호
전화 070-4156-7770 | **팩스** 031-629-6577 | **이메일** jinopress@gmail.com

ⓒ 류동훈, 2022
ISBN 979-11-90282-49-9 (03360)